여행영어가 더 쉽고 재밌어지는

해커스톡의
추가 자료 5종

본 교재
무료 해설강의
(팟캐스트 강의 & 해설강의 MP3)

모바일 스피킹
훈련 프로그램

교재
MP3

하루 한 번 10문장
영어 표현 학습

데일리 무료
복습 콘텐츠

이렇게 이용해보세요!

팟캐스트 강의는
① 팟빵 사이트(www.Podbbang.com)나 팟빵 어플 혹은 아이폰 Podcast 어플에서 '해커스톡' 검색
② 유튜브 사이트(www.youtube.com)나 유튜브 어플에서 '해커스톡' 검색
③ 네이버TV 사이트(tv.naver.com)나 네이버TV 어플에서 '해커스톡' 검색
④ 네이버 오디오클립 사이트(audioclip.naver.com)나 오디오클립 어플에서 '해커스톡' 검색
⑤ 해커스영어(Hackers.co.kr) 사이트 접속 → 기초영어/회화 탭 → 무료 영어콘텐츠 → 영어회화 10분의 기적 l 팟캐스트

모바일 스피킹 훈련 프로그램은
책에 있는 QR 코드 찍기

교재 해설강의 MP3, 교재 MP3는
해커스톡(HackersTalk.co.kr) 접속 후 로그인 ▶ 상단의 [무료강의/자료 → 무료 자료/MP3] 클릭

하루 한 번 10문장 영어 표현 학습은
'해커스 ONE' 어플 설치 후 로그인 ▶ 좌측 상단에서 [영어회화] 선택 ▶ [무료학습] ▶
상단의 [오늘의 영어 10문장] 혹은 [매일 영어회화 학습]에서 이용

데일리 무료 복습 콘텐츠는
'밴드' 어플 설치 ▶ 밴드에서 '해커스톡' 검색 후 접속 ▶ 매일 올라오는 무료 복습 콘텐츠 학습

해커스톡 여행 영어

10분의 기적

왕초보영어 탈출
해커스톡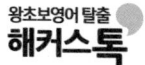

영어로 여행이 가능해지는
교재 활용법

스마트폰으로 **QR 코드를 찍으면,**
상황별로 원어민의 음성을 함께 들으며
스마트하게 여행을 준비할 수 있어요.
여행영어에 대한 무료 강의도 제공되니 놓치지 마세요!

여행지에서 겪는 **다양한 상황별에**
따른 유용한여행 팁을 확인해 보세요.

여행지에서 꼭 알아둬야 할 핵심 문장들을
확인해 보세요. **만능 여행패턴 10만 알아도**
다양한 말을 할 수 있어요.

각 상황에 활용할 수 있는 **추가 문장**들도 확인
하여 내가 하고 싶은 말들도 놓치지 마세요.

여행지에서 바로 쓸 수 있는 **여행 단어**를
확인해 보세요. 여행을 가기 전에 미리
연습해 보아도 좋아요.

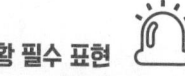

응급 상황 필수 표현

갑자기 아프거나, 교통편에 문제가 생기는 등 여행지에서 맞닥뜨린
응급상황에 신속히 대처할 수 있도록 바로 찾아 말할 수 있는 유용한
표현들이 수록되어 있어요.

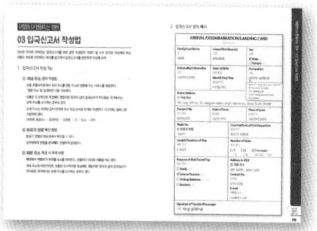

여행이 더 편해지는 영어

여행할 때 꼭 필요한 기본 표현들과 각종 신고서 작성 방법 등 여행을
한결 편안하게 해줄 정보들이 수록되어 있어요.

급할 때 빨리 찾아 말하는 여행 사전

급하게 어떤 말을 해야 할 때, 머릿속에 떠오르는 한국어를 키워드로
필요한 영어 단어와 영어 문장을 바로 찾아 말할 수 있도록 정리되어
있어요.

출국부터 귀국까지

여행에서 만날 수 있는 모든 상황

해외여행 가서
하고 싶은 말
자신 있게 할 수 있는

만능 여행패턴 10

06

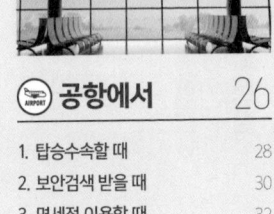

해외여행 가서 하고 싶은 말 자신 있게 할 수 있는

만능 여행패턴 10

01 달라고 하는 만능 패턴 please (플리즈) ~ 주세요.

기내식 주문할 때부터 버스 티켓 살 때까지!
무언가를 주문하거나 사고 싶을 때 **please**(플리즈)를 쓰면 돼요.
· 소고기 주세요. Beef, please. 비프, 플리즈.

02 가격 물어보는 만능 패턴 How much (하우 머취) 얼마예요?

쇼핑할 때부터 물건을 대여할 때까지!
제품의 가격이나 서비스 비용이 궁금할 때 **How much**(하우 머취)를 쓰면 돼요.
· 이것 얼마예요? How much is this? 하우 머취 이즈 디쓰?

03 위치 물어보는 만능 패턴 Where is (웨얼 이즈) 어디 있어요?

내 자리를 찾을 때부터 환승하는 곳을 물어볼 때까지!
어떤 장소가 어디 있는지 궁금할 때 **Where is**(웨얼 이즈)를 쓰면 돼요.
· 제 좌석 어디 있어요? Where is my seat? 웨얼 이즈 마이 씻?
내가 원하는 것을 어디에서 할 수 있는지 궁금할 때는 **Where can I**(웨얼 캔 아이)를 쓰면 돼요.
· 어디에서 환승할 수 있나요? Where can I transfer? 웨얼 캔 아이 트렌스풔?

04 시간 물어보는 만능 패턴 When is (웬 이즈) 언제예요?

이용 시간을 물어볼 때부터 마지막 기차 시간을 물어볼 때까지!
언제인지 궁금할 때 **When is**(웬 이즈)를 쓰면 돼요.
· 마지막 기차 언제예요? When is the last train? 웬 이즈 더 라스트 트뤠인?

05 원하는 것 말하는 만능 패턴 I want (아이 원트) ~을 원해요.

렌터카를 빌릴 때부터 투어 예약을 할 때까지!
내가 원하거나 하고 싶은 것을 말할 때는 **I want**(아이 원트)를 쓰면 돼요.
· 이 차를 원해요. I want this car. 아이 원트 디쓰 카.

06 요청이나 허락 구하는 만능 패턴 Can I/you (캔 아이/유) ~할 수 있나요?

숙소에서 체크인할 때부터 택시기사에게 부탁할 때까지!
요청을 하거나 허락을 구할 때 Can I/you(캔 아이/유)를 쓰면 돼요.

· 지금 체크인할 수 있나요?   Can I check in now?   캔 아이 췌크인 나우?
· 여기서 세워줄 수 있나요?   Can you stop here?   캔 유 스탑 히얼?

07 나에 대해 말하는 만능 패턴 I'm (아임) 저는 ~에요.

여행 목적을 말할 때부터 나의 의견을 이야기할 때까지!
나에 대해 설명하고 싶을 때 I'm(아임)을 쓰면 돼요.

· 저는 여행하러 여기 왔어요. I'm here for traveling.   아임 히얼 포 트뤠블링.

08 물건 설명하는 만능 패턴 It's (잇츠) 이것은 ~에요.

제품의 문제를 설명할 때부터 음식의 상태에 대해 말할 때까지!
물건이나 음식의 상태에 대해 말하고 싶을 때 It's(잇츠)를 쓰면 돼요.

· 이것은 너무 짜요. It's too salty.   잇츠 투 쏠티.

09 방법 물어보는 만능 패턴 How do I (하우 두 아이) 어떻게 ~하나요?

기기/시설의 사용법을 물어볼 때부터 목적지에 어떻게 가는지 물어볼 때까지!
사용법이나 가는 방법을 물어보고 싶을 때 How do I(하우 두 아이)를 쓰면 돼요.

· 이 리모컨 어떻게 사용하나요? How do I use this remote?   하우 두 아이 유즈 디쓰 뤼모트?

10 있는지 물어보는 만능 패턴 Do you have (두 유 해브) ~ 있나요?

제품이 있는지 물어볼 때부터 식당에서 자리가 있는지 물어볼 때까지!
내가 원하는 것이 있는지 물어보고 싶을 때 Do you have(두 유 해브)를 쓰면 돼요.

· 이 핸드백 있나요? Do you have this handbag?   두 유 해브 디쓰 핸드백?

해커스톡
여행영어
10분의 기적

7

기초회화부터 여행영어까지!
해커스톡 무료강의

여행영어 10분의 기적 팟캐스트

해커스톡
영어회화
기적

웃음도 빵
영어도 빵
터지는 팟캐스트

※ 아이튠즈, 팟빵에서 지금
'해커스톡'을 검색하세요.

기내에서

설레는 해외여행. 국내 항공사를 이용할 수도 있지만 외국 항공사를
이용하는 경우도 있기 마련이다. 외국 항공사 비행기에 탑승한다면,
바로 기내에서부터 영어가 필요하다. 자리 찾아 앉기부터 편안한
비행을 위해 필요한 영어는 여기 다 모아 두었으니 걱정은 노! 노!

기내에서:

① 자리 문의할 때

항공권 구매 후, 체크인 전에 항공사 사
이트에서 미리 원하는 자리를 지정할 수
도 있다. 탑승권에는 지정한 좌석이 숫
자와 알파벳으로 표시되므로 "Where
is"를 써서 내 좌석이 어디 있는지 승무
원에게 물어보자.

← VYCHOD EXIT →

무료 강의 및
MP3 바로 듣기

Where is my seat?
제 좌석 어디 있어요?

 바로 쓰는 여행 단어

내 좌석 my seat 마이 씻
화장실 restroom 뤠스트룸
비상구 좌석 emergency exit seat 이멀전씨 엑씻 씻
자리를 바꾸다 change seats 췌인쥐 씻츠
가방을 넣다 put away my bag 풋어웨이 마이 백
한국인 승무원 Korean crew member 코뤼언 크루멤버

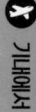 "Where is"로 물어보세요.

제 좌석 어디 있어요?	**Where is** my seat? 웨얼 이즈 마이 씻?
이 좌석 어디 있어요?	**Where is** this seat? 웨얼 이즈 디쓰 씻?
24B 좌석 어디 있어요?	**Where is** seat 24B? 웨얼 이즈 씻 트웬티포삐?
화장실 어디 있어요?	**Where is** the restroom? 웨얼 이즈 더 뤠스트룸?

 이런 말도 할 수 있어요.

여기 제 자리예요.	This is my seat. 디쓰 이즈 마이 씻.
어떤 사람이 제 자리에 있어요.	Someone is in my seat. 썸원 이즈 인 마이 씻.
저와 자리 좀 바꿔줄 수 있나요?	Can you change seats with me? 캔 유 췌인쥐 씻츠 위드 미?
자리 바꿀 수 있나요?	Can I change my seat? 캔 아이 췌인쥐 마이 씻?
제 가방 어디에 두어야 하나요?	Where should I put my bag? 웨얼 슈드 아이 풋 마이 백?
여기 당신 자리인가요?	Is this your seat? 이즈 디쓰 유어 씻?

해외스톡
여행영어
10분이기억

11

❷ 기내식 주문할 때

저가 항공사가 아닌 경우 대부분 기내식이 기본
으로 제공된다. 보통 치킨(닭고기)이냐 비프(소고
기)냐처럼 두 가지 메뉴 중에 무엇을 원하는지 묻
는다. 간단하게 "Please"를 써서 소고기를 달라
고 말해보자.

무료 강의 및
MP3 바로 듣기

Beef, please.
소고기 주세요.

✈ 바로 쓰는 여행 단어

소고기 beef 비프
닭고기 chicken 취킨
생선 fish 퓌쉬

물 water 워터
콜라 Coke 코크
특별식 special meal 스페셜 밀

✈ "Please"로 요청하세요.

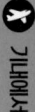

소고기 주세요.	Beef, **please**. 비프, 플리즈.
닭고기 주세요.	Chicken, **please**. 취킨, 플리즈.
생선 주세요.	Fish, **please**. 퓌쉬, 플리즈.
물 주세요.	Water, **please**. 워터, 플리즈.

✈ 이런 말도 할 수 있어요.

하나 더 먹을 수 있나요?	Can I have one more? 캔 아이 해브 원 모어?
나중에 먹을 수 있나요?	Can I have it later? 캔 아이 해브 잇 레이터?
고추장 있나요?	Do you have hot pepper paste? 두 유 해브 핫 페퍼 페이스트?
저 특별식 요청했어요.	I requested a special meal. 아이 뤼퀘스티드 어 스페셜 밀.
이것 좀 데워줄 수 있나요?	Can you heat this up? 캔 유 힛 디쓰 업?
이것 좀 치워줄 수 있나요?	Can you take this away? 캔 유 테이크 디쓰 어웨이?

> 출발 전 항공사에
> 연락해 저염식,
> 과일식 등을 미리
> 주문할 수 있어요.

해커스톡
여행영어
10분의 기적

기내에서:
③ 간식 요청할 때

장거리 비행의 경우, 음료와 땅콩같이 기본적으로 제공되는 간식 외에도 컵라면이나 쿠키 등을 요청하면 제공하는 항공사도 있다. 비행 중 배가 출출하고 입이 심심하다면 "Can I"를 써서 간식 좀 달라고 요청해 보자.

무료 강의 및
MP3 바로 듣기

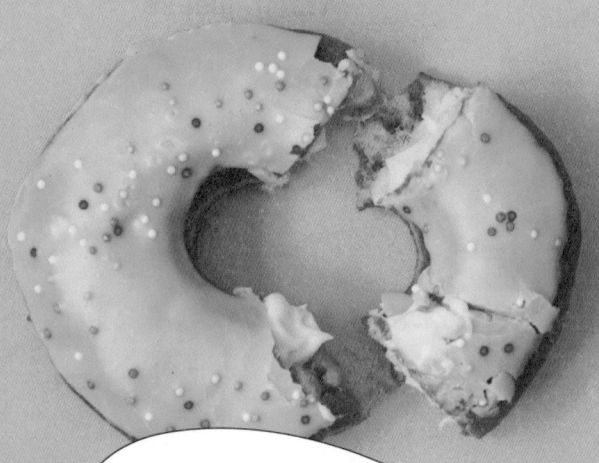

Can I have some snacks?
간식 좀 먹을 수 있나요?

✈ 바로 쓰는 여행 단어

간식 snacks 스낵쓰
과자 chips 칩쓰
땅콩 peanuts 피넛츠
쿠키 cookies 쿠키쓰
라면 instant noodles 인쓰턴트 누들쓰
사이다 Sprite 스프롸이트

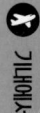

✈ "Can I"로 요청하세요.

간식 좀 먹을 수 있나요?	**Can I** have some snacks? 캔 아이 해브 썸 스낵쓰?
와인 좀 마실 수 있나요?	**Can I** have some wine? 캔 아이 해브 썸 와인?
맥주 좀 마실 수 있나요?	**Can I** have some beer? 캔 아이 해브 썸 비어?
커피 좀 마실 수 있나요?	**Can I** have some coffee? 캔 아이 해브 썸 커퓌?

✈ 이런 말도 할 수 있어요.

주스 좀 마실 수 있나요?	Can I have some juice? 캔 아이 해브 썸 쥬스?
얼음 좀 받을 수 있나요?	Can I have some ice? 캔 아이 해브 썸 아이쓰?
빵 좀 먹을 수 있나요?	Can I have some bread? 캔 아이 해브 썸 브뤠드?
초콜릿 있나요?	Do you have any chocolate? 두 유 해브 애니 초컬릿?
무슨 간식 있나요?	What snacks do you have? 왓 스낵쓰 두 유 해브?
간식 무료인가요?	Are the snacks free? 아 더 스낵쓰 프뤼?

저가 항공사의 경우
유료일 수도 있어요.

해외스톡
여행항공어
10편의 기적

15

❹ 기내 용품 요청할 때

기내에서는 펜, 헤드폰 등의 용품을 요청할 수 있고 출발 전 항공사에 미리 신청만 하면 유아용 요람(베시넷)이나 색칠공부 등 유아용품까지도 이용할 수 있다. 입국신고서 작성을 하려는데, 펜이 없다면? "Can I"를 써서 승무원에게 펜을 달라고 요청해 보자.

Can I get a pen?
펜 좀 받을 수 있나요?

무료 강의 및
MP3 바로 듣기

✈ 바로 쓰는 여행 단어

냅킨 napkin 냅킨
베개 pillow 필로우
담요 blanket 블랭킷
수면 안대 sleeping mask 슬리핑 매스크
귀마개 earplugs 이어플러그쓰
칫솔 toothbrush 투쓰브뤄쉬

✈ "Can I"로 요청하세요.

펜 좀 받을 수 있나요?	**Can I** get a pen? 캔 아이 겟 어 펜?
담요 좀 받을 수 있나요?	**Can I** get a blanket? 캔 아이 겟 어 블랭킷?
베개 좀 받을 수 있나요?	**Can I** get a pillow? 캔 아이 겟 어 필로우?
슬리퍼 좀 받을 수 있나요?	**Can I** get slippers? 캔 아이 겟 슬리퍼스?

✈ 이런 말도 할 수 있어요.

냅킨 좀 받을 수 있나요?	Can I get some napkins? 캔 아이 겟 썸 냅킨쓰?
귀마개 좀 받을 수 있나요?	Can I get earplugs? 캔 아이 겟 이어플러그쓰?
수면 안대 좀 받을 수 있나요?	Can I get a sleeping mask? 캔 아이 겟 어 슬리핑 매스크?
칫솔 있나요?	Do you have a toothbrush? 두 유 해브 어 투쓰브뤄쉬?
치약 있나요?	Do you have toothpaste? 두 유 해브 투쓰페이스트?
구강세척제 있나요?	Do you have any mouthwash? 두 유 해브 애니 마우쓰워쉬?

> 가글(gargle)은 '물양치하다' 라는 뜻이니 혼동하지 않도록 주의하세요.

해커스톡 여행영어 10분의 기억

17

기내에서:

❺ 양식 작성 도움 요청할 때

착륙 시간이 다가오면, 도착 국가의 입국신고서(arrival card)와 세관신고서(customs form)를 적어내라고 한다. 복잡해 보이는 양식에 당황이 된다면 "Can you"를 써서 승무원에게 도와달라고 요청해보자.

무료 강의 및
MP3 바로 듣기

Can you help me?
저 좀 도와줄 수 있나요?

✈ 바로 쓰는 여행 단어

비행기 편명 flight number 플라이트 넘버
입국신고서 arrival card 어롸이벌 카드
주소 address 애드뤠쓰
하나 더 주다 give me one more 기브 미 원 모어
펜을 빌리다 borrow a pen 바로우 어 펜
세관신고서 customs form 커스텀쓰 폼

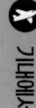

✈ "Can you"로 요청하세요.

저 좀 도와줄 수 있나요?	**Can you** help me? 캔 유 헬프 미?
이것 좀 확인해줄 수 있나요?	**Can you** check this? 캔 유 췌크 디쓰?
이것 좀 설명해줄 수 있나요?	**Can you** explain this? 캔 유 익쓰플래인 디쓰?
양식 한 장 더 줄 수 있나요?	**Can you** give me one more form? 캔 유 기브 미 원 모어 폼?

✈ 이런 말도 할 수 있어요.

이것은 무슨 의미예요?	What does this mean? 왓 더즈 디쓰 민?
저 영어 못 읽어요.	I can't read English. 아이 캔트 뤼드 잉글리쉬.
저 이것 영어로 못 써요.	I can't write this in English. 아이 캔트 롸이트 디쓰 인 잉글리쉬.
비행기 편명이 뭐예요?	What is the flight number? 왓 이즈 더 플라이트 넘버?
세관신고서 받을 수 있나요?	Can I have a customs form? 캔 아이 해브 어 커스텀쓰 폼?
한국어로 된 양식을 받을 수 있나요?	Can I have a form in Korean? 캔 아이 해브 어 폼 인 코뤼언?

한국어로 된 양식을 제공하는 나라도 있어요.

기내에서:

❻ 면세품 주문할 때

공항에서 면세점 쇼핑을 놓쳤어도 기내에 한
번 더 기회가 있으니 너무 아쉬워하지 말자.
보통 좌석 앞 주머니에 면세품 카탈로그가 비
치되어 있다. 카탈로그를 훑어보다 마음에 쏙
드는 물건을 발견했다면 "I want"를 써서 승
무원에게 이것을 사고 싶다고 말해보자.

우표 강의 및
MP3 바로 듣기

I want this lipstick.
이 립스틱을 원해요.

📖 바로 쓰는 여행 단어

카탈로그 catalogs 카탈로그쓰
화장품 cosmetics 코쓰메틱쓰
향수 perfume 퍼퓸
담배 cigarette 씨거렛
현금 cash 캐쉬
신용카드 credit card 크레딧카드

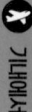

✈ "I want"로 말해보세요.

이 립스틱을 원해요.	**I want** this lipstick. 아이 원트 디쓰 립스틱.
이 초콜릿을 원해요.	**I want** this chocolate. 아이 원트 디쓰 초컬릿.
이 위스키를 원해요.	**I want** this whisky. 아이 원트 디쓰 위스키.
이 향수를 원해요.	**I want** this perfume. 아이 원트 디쓰 퍼퓸.

✈ 이런 말도 할 수 있어요.

2개 살게요.	I'll take two. 알 테이크 투.
환율이 얼마예요?	What is the exchange rate? 왓 이즈 디 익쓰췌인쥐 뤠이트?
현금으로 지불할 수 있나요?	Can I pay with cash? 캔 아이 페이 위드 캐쉬?
체크카드로 지불할 수 있나요?	Can I pay with a debit card? 캔 아이 페이 위드 어 데빗카드?
한국 돈 받나요?	Do you accept Korean won? 두 유 억쎕트 코뤼언 원?
그것 품절인가요?	Are they sold out? 아 데이 쏠드아웃?

⑦ 기기/시설 문의할 때

비행기의 각 좌석에는 좌석 스크린을 조작하거나, 승무원을 호출할 수 있는 등 다양한 기능이 있는 리모 컨이 있다. 보통 좌석 팔걸이에 연결되어 있는 경우가 많은데, 이 리모컨을 어떻게 사용하는지 궁금하다 면 고민하지 말고 "How do I"를 써서 물어보자.

무료 강의 및
MP3 바로 듣기

How do I use this remote?
이 리모컨 어떻게 사용하나요?

✈ 바로 쓰는 여행 단어

음량 volume 볼륨

등 light 라이트

화면 screen 스크린

좌석 벨트 seatbelt 씻벨트

좌석 테이블 tray table 트레이 테이블

작동하지 않다 not working 낫 월킹

✈ "How do I"로 물어보세요.

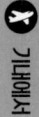
이 리모컨 어떻게 사용하나요?	**How do I** use this remote? 하우 두 아이 유즈 디쓰 뤼모트?
음량 어떻게 높이나요?	**How do I** turn up the volume? 하우 두 아이 턴업 더 볼륨?
등 어떻게 켜나요?	**How do I** turn on the light? 하우 두 아이 턴온 더 라이트?
영화 어떻게 보나요?	**How do I** watch movies? 하우 두 아이 워취 무비쓰?

✈ 이런 말도 할 수 있어요.

이것은 작동하지 않아요.	It's not working. 잇츠 낫 월킹.
화면이 멈췄어요.	The screen is frozen. 더 스크륀 이즈 프로즌.
소리가 나오지 않아요.	There is no sound. 데얼 이즈 노 싸운드.
한국어 자막 있나요?	Does it have Korean subtitles? 더즈 잇 해브 코뤼언 써브타이틀쓰?
제 좌석 어떻게 눕히나요?	How do I recline my seat? 하우 두 아이 뤼클라인 마이 씻?
좌석 벨트가 걸려서 안 빠져요.	My seatbelt is stuck. 마이 씻벨트 이즈 스턱.

8 다른 승객에게 요청할 때

여러 사람이 장시간 비행하는 경우 승객 간의 이해와 배려
는 필수이다. 만약 옆 승객이 무심하게 내려둔 가방 때문에
불편하다면 "Can you"를 써서 가방을 치워 달라고 공손
히 요청해 보자.

Can you move your bag?
가방 좀 치워줄 수 있나요?

무료 강의 및
MP3 바로 듣기

✈️ 바로 쓰는 여행 단어

차양 window shade 윈도우 셰이드
등받이 seatback 씻백
조용히 하다 keep it down 킵 잇 다운

끄다 turn off 턴오프
켜다 turn on 턴온
지나가다 get by 겟바이

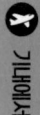

✈ "Can you"로 요청하세요.

가방 좀 치워줄 수 있나요?	**Can you** move your bag? 캔 유 무브 유어 백?
조용히 해줄 수 있나요?	**Can you** keep it down? 캔 유 킵 잇 다운?
등 좀 꺼줄 수 있나요?	**Can you** turn off the light? 캔 유 턴오프 더 라이트?
제 좌석을 차지 말아줄 수 있나요?	**Can you** stop kicking my seat? 캔 유 스탑 킥킹 마이 씻?

✈ 이런 말도 할 수 있어요.

이것 좀 도와줄 수 있나요?	Can you help me with this? 캔 유 헬프 미 위드 디쓰?
제가 좀 지나갈 수 있나요?	Can I get by? 캔 아이 겟바이?
제 좌석 좀 눕혀도 되나요?	Can I recline my seat? 캔 아이 뤼클라인 마이 씻?
차양 좀 닫아줄 수 있나요?	Can you close your window shade? 캔 유 클로즈 유어 윈도우 셰이드?
제가 등 좀 켜도 되나요?	Can I turn on the light? 캔 아이 턴온 더 라이트?
펜 좀 빌릴 수 있나요?	Can I borrow a pen? 캔 아이 바로우 어 펜?

> 비행기 창문은 차양이 있어 이를 올리거나 내릴 수 있어요.

내 회화 실력을 알아보는
해커스톡 1분 레벨테스트
HackersTalk.co.kr

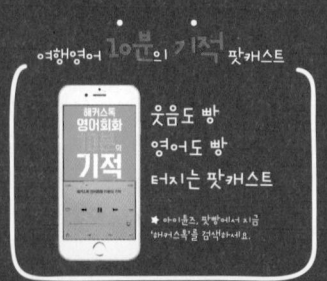

여행영어 10분의 기적 팟캐스트

웃음도 빵
영어도 빵
터지는 팟캐스트

★ 아이튠즈, 팟빵에서 지금
'해커스톡'을 검색하세요.

AIRPORT

공항에서

드디어 도착한 해외 공항. 입국을 하기 위해서는 [입국심사 → 짐 찾기 → 세관 통과]를 거쳐야 하고, 한국으로 돌아가는 출국 때에는 [탑승수속 → 보안검색 → 출국심사]를 거쳐야 한다. 복잡한 것 같지만, 필요한 영어는 이곳에 다 있으니 바로 찾아 말하기만 하면 오케이!

공항에서:

❶ 탑승수속할 때

공항에서는 탑승수속을 통해 비행기 좌석을 선택하여 탑승권을 발급받고, 짐도 부치게 된다. 비행시간 동안 창밖 경치를 충분히 감상하고 싶다면 탑승권 발급 시 "Can I"를 써서 창가 좌석을 달라고 요청해 보자.

Can I have a window seat?
창가 좌석 받을 수 있나요?

무료 강의 및
MP3 바로 듣기

바로 쓰는 여행 단어

창가 좌석 window seat 윈도우 씻
복도 좌석 aisle seat 아일 씻
앞쪽 좌석 front row seat 프뤈트 로우 씻
비상구 좌석 emergency exit seat 이멀전씨 엑씻 씻
여권 passport 패쓰포트
탑승권 boarding pass 보딩 패쓰

"Can I"로 요청하세요.

창가 좌석 받을 수 있나요?	**Can I** have a window seat? 캔 아이 해브 어 윈도우 씻?
복도 좌석 받을 수 있나요?	**Can I** have an aisle seat? 캔 아이 해브 언 아일 씻?
다른 좌석 받을 수 있나요?	**Can I** have a different seat? 캔 아이 해브 어 디퍼런트 씻?
앞쪽 좌석 받을 수 있나요?	**Can I** have a front row seat? 캔 아이 해브 어 프런트 로우 씻?

이런 말도 할 수 있어요.

여기 제 이티켓이요.	Here is my e-ticket. 히얼 이즈 마이 이티켓.
저희 같이 앉을 수 있나요?	Can we sit together? 캔 위 씻 투게더?
허용 무게가 몇이에요?	What is the weight limit? 왓 이즈 더 웨이트 리미트?
추가 요금 얼마예요?	How much is the extra charge? 하우 머치 이즈 디 엑쓰트라 촤쥐?
마일리지 적립해주세요.	Please add it to my mileage. 플리즈 애드 잇 투 마이 마일리지.
이것 기내에 가지고 탈 수 있나요?	Can I carry this on board? 캔 아이 캐뤼 디쓰 온 보드?

수화물 허용 무게
초과 시 추가
요금이 있으니 미리
확인해보세요.

해버스툭
여행영어
10분의 기억

② 보안검색 받을 때

보안검색을 받을 때는 노트북과 휴대폰 같은 전자기기나 착용하고 있던 벨트 등 금속류를 바구니에 따로 담아서 검색대를 통과하도록 해야 한다. 그러나 깜박 잊고 가방에서 휴대폰을 꺼내지 않았다가 걸렸다 해도 당황하지 말고 "It's"를 써서 말해 보자.

무료 강의 및
MP3 바로 듣기

It's my phone.
이것은 제 전화기예요.

🛬 바로 쓰는 여행 단어

전화기 phone 폰
노트북 laptop 랩탑
동전 coin 코인
벨트 belt 벨트
지갑 wallet 월렛
주머니 pocket 포켓

"It's"로 말해보세요.

이것은 제 전화기예요.	**It's** my phone. 잇츠 마이 폰.
이것은 노트북이에요.	**It's** a laptop. 잇츠 어 랩탑.
이것은 동전이에요.	**It's** a coin. 잇츠 어 코인.
이것은 벨트예요.	**It's** a belt. 잇츠 어 벨트.

 이런 말도 할 수 있어요.

이것 벗어야 하나요?	Should I take this off? 슈드 아이 테이크 디쓰 오프?
이것 버려야 하나요?	Should I throw this out? 슈드 아이 뜨로우 디쓰 아웃?
주머니에 아무것도 없어요.	I have nothing in my pockets. 아이 해브 낫띵 인 마이 포켓츠.
저 임신했어요.	I'm pregnant. 아임 프뤠그넌트.
제 팔 안에 철심이 있어요.	I have a metal pin in my arm. 아이 해브 어 메탈 핀 인 마이 암.
이제 갈 수 있나요?	Can I go now? 캔 아이 고 나우?

임산부라면 검색대 통과 대신
수기 검색을 받을 수도 있어요.

공항에서:
❸ 면세점 이용할 때

화장품은 면세점이 시중보다 훨씬 저렴하니
즐겨 쓰는 로션이 있다면 해외여행을 나갈 때
면세 찬스를 이용하여 여러 개 구매해두는 것
도 좋다. 미리 핸드폰에 사진을 찍어 가면 제품
을 찾기도 더 편하다. 면세점에 가면 "Do you
have"를 써서 원하는 물건이 있는지 물어보자.

DUTY-FREE SHOP

Do you have this lotion?
이 로션 있나요?

🎧 **바로 쓰는 여행 단어**

면세점 duty-free shop 듀티프뤼샵
향수 perfume 퍼퓸
포장하다 wrap 랩
선글라스 sunglasses 썬글래씨쓰
얼마 how much 하우 머취
추천 recommendation 뤠커멘데이션

무료 강의 및
MP3 바로 듣기

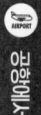

"Do you have" 로 물어보세요.

이 로션 있나요?	**Do you have** this lotion? 두 유 해브 디쓰 로션?
이 모델 있나요?	**Do you have** this model? 두 유 해브 디쓰 마들?
이 색상 있나요?	**Do you have** this color? 두 유 해브 디쓰 컬러?
더 저렴한 것 있나요?	**Do you have** a cheaper one? 두 유 해브 어 취퍼 원?

이런 말도 할 수 있어요.

비타민 있나요?	Do you have vitamins? 두 유 해브 봐이타민즈?
이것 얼마예요?	How much is it? 하우 머취 이즈 잇?
미국 달러로 지불할 수 있나요?	Can I pay with US dollars? 캔 아이 페이 위드 유에쓰 달러쓰?
이 쿠폰 사용할 수 있나요?	Can I use this coupon? 캔 아이 유즈 디쓰 쿠폰?
이것 포장해줄 수 있나요?	Can you wrap this? 캔 유 랩 디쓰?
이것 기내에 가지고 탈 수 있나요?	Can I carry this on board? 캔 아이 캐뤼 디쓰 온 보드?

> 대부분의 면세점이 할인쿠폰을 제공하니, 구매 전 미리 알아보면 좋아요.

해커스톡 여행영어 10분의 기적

❹ 시설 위치 문의할 때

큰 공항의 경우 탑승 게이트로 가기 위해 버스나 전철을 타기도 하고, 게이트 번호에 따라 건물(터미널)이 나뉘어 있기도 하다. 탑승권에 게이트 번호가 13B라고 쓰여 있는데 어디로 가야 할지 모르겠다면 "Where is"를 써서 물어보자.

Where is gate 13B?
13B 게이트 어디 있어요?

무료 강의 및
MP3 바로 듣기

✈ **바로 쓰는 여행 단어**

화장실 restroom 레스트룸
편의점 convenience store 컨뷔니언쓰 스토어
안내데스크 information desk 인포메이션 데스크
택시 승차장 taxi stand 택시 스탠드
수하물 찾는 곳 baggage claim 배거쥐 클래임
분실물 보관소 lost-and-found 로스트앤파운드

"Where is"로 물어보세요.

13B 게이트 어디 있어요?	**Where is** gate 13B? 웨얼 이즈 게이트 썰틴삐?
화장실 어디 있어요?	**Where is** the restroom? 웨얼 이즈 더 뤠스트룸?
면세점 어디 있어요?	**Where is** the duty-free shop? 웨얼 이즈 더 듀티프뤼샵?
택시 승차장 어디 있어요?	**Where is** the taxi stand? 웨얼 이즈 더 택시 스탠드?

이런 말도 할 수 있어요.

> 보통 공항 내 은행보다 시중 은행에서
> 환전하는 것이 유리해요.

어디에서 환전할 수 있나요?	Where can I exchange money? 웨얼 캔 아이 익쓰췌인쥐 머니?
어디에서 인터넷 쓸 수 있나요?	Where can I use the Internet? 웨얼 캔 아이 유즈 디 인터넷?
어디에서 전화기를 충전할 수 있나요?	Where can I charge my phone? 웨얼 캔 아이 촤쥐 마이 폰?
안내데스크 어디 있어요?	Where is the information desk? 웨얼 이즈 디 인포메이션 데스크?
분실물 보관소 어디 있어요?	Where is the lost-and-found? 웨얼 이즈 더 로스트앤파운드?
흡연 구역은 어디 있어요?	Where is the smoking area? 웨얼 이즈 더 스모킹 애뤼아?

공항에서:

5 환승할 때

첫 해외여행이라면 중간에 비행기를 갈아타야 하는 것이 꽤 부담스러울 수 있다. 환승에 대한 안내를 공항 곳곳에서 해주긴 하지만 여전히 불안하다면 "Where can I"를 써서 공항 직원에게 도움을 요청해보자.

무료 강의 및 MP3 바로 듣기

Where can I transfer?
어디에서 환승할 수 있나요?

바로 쓰는 여행 단어

환승 transfer 트랜스풔

탑승 boarding 보딩

갈아탈 비행기 connecting flight 커넥팅 플라이트

대기 장소 waiting lounge 웨이팅 라운쥐

공항 밖으로 out of the airport 아웃 오브 디 에어포트

비행기를 놓치다 miss the flight 미쓰 더 플라이트

"Where can I"로 물어보세요.

어디에서 환승할 수 있나요?	**Where can I** transfer? 웨얼 캔 아이 트뤤스풔?
어디에서 기다릴 수 있나요?	**Where can I** wait? 웨얼 캔 아이 웨이트?
어디에서 쉴 수 있나요?	**Where can I** rest? 웨얼 캔 아이 뤠스트?
어디에서 담배필 수 있나요?	**Where can I** smoke? 웨얼 캔 아이 스모크?

 이런 말도 할 수 있어요.

어떤 게이트로 가야 하나요?	Which gate should I go to? 위치 게이트 슈드 아이 고 투?
탑승 몇 시에 시작해요?	What time does boarding begin? 왓 타임 더즈 보딩 비긴?
제가 갈아탈 비행기를 놓쳤어요.	I missed my connecting flight. 아이 미쓰드 마이 커넥팅 플라이트.
식당 있나요?	Are there any restaurants? 아 데얼 애니 뤠스터런츠?
수면실 있나요?	Is there a sleeping area? 이즈 데얼 어 슬리핑 애뤼아?
공항 밖으로 나갈 수 있나요?	Can I go out of the airport? 캔 아이 고 아웃 오브 디 에어포트?

수면실이 마련
되어 있는
공항도 있으니
환승대기
시간이 길 경우
이용해보세요.

해커스톡
여행영어
10분의기억

공항에서:

❻ 입국심사 받을 때

비행기에서 내리면 먼저 입국심사를 받는다. 영어로 하는 질문에 영어로 답해야 한다고 생각하면 심장이 두근두근할 수 있지만, 사실 가장 기본적인 질문인 '왜 왔는가'에 제대로 답변하기만 하면 되니 기죽지 말고 "I'm"을 써서 당당하게 말해보자.

I'm here for traveling.
저는 여행하러 여기 왔어요.

무료 강의 및
MP3 바로 듣기

🛫 바로 쓰는 여행 단어

여행 traveling 트뤠블링
관광 sightseeing 싸이트씨잉
휴가 vacation 붸케이션

회사원 office worker 오퓌쓰 워커
친구를 방문하다 visit friends 뷔지트 프렌즈
가족과 머물다 stay with my family 스테이 위드 마이 풰밀리

"I'm"으로 말해보세요.

저는 여행하러 여기 왔어요.	**I'm** here for traveling. 아임 히얼 포 트뤠블링.
저는 관광하러 여기 왔어요.	**I'm** here for sightseeing. 아임 히얼 포 싸이트씨잉.
저는 휴가로 여기 왔어요.	**I'm** here on vacation. 아임 히얼 온 붸케이션.
저는 출장으로 여기 왔어요.	**I'm** here on business. 아임 히얼 온 비즈니쓰.

 이런 말도 할 수 있어요.

저는 학생이에요.	I'm a student. 아임 어 스튜던트.
저는 주부예요.	I'm a homemaker. 아임 어 홈메이커.
저는 회사에서 일해요.	I work at a company. 아이 월크 앳 어 컴패니.
저는 5일 동안 머무를 거예요.	I'm staying for five days. 아임 스테잉 포 파이브 데이즈.
저는 힐튼 호텔에 머무를 거예요.	I'll stay at the Hilton Hotel. 알 스테이 앳 더 힐튼 호텔.
저는 혼자 여행할 거예요.	I'm traveling alone. 아임 트뤠블링 얼론.

공항에서:

❼ 세관신고할 때

공항 세관에서는 구매한 면세품이 면세 한도를 넘지 않았는지, 반입 제한된 물품을 가지고 오지는 않았는지 등을 확인한다. 이런 경우 미리 신고하지 않았다가 적발되면 세금보다 더 큰 벌금을 물 수 있으니 고가의 면세품을 구매했다면 "I want"를 써서 속 시원하게 신고해 보자.

무료 강의 및
MP3 바로 듣기

I want to declare a bag.
가방을 신고하고 싶어요.

🛫 바로 쓰는 여행 단어

신고하다	declare	디클레어
가방	bag	백
선물	gift	기프트
세금	tax	택쓰
벌금	fine	퐈인
면세 한도	duty-free allowance	듀티프뤼 얼라우언쓰

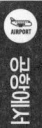

"I want"로 말해보세요.

가방을 신고하고 싶어요.	**I want** to declare a bag. 아이 원트 투 디클레어 어 백.
지갑을 신고하고 싶어요.	**I want** to declare a wallet. 아이 원트 투 디클레어 어 월렛.
시계를 신고하고 싶어요.	**I want** to declare a watch. 아이 원트 투 디클레어 어 워취.
반지를 신고하고 싶어요.	**I want** to declare a ring. 아이 원트 투 디클레어 어 링.

이런 말도 할 수 있어요.

이것 신고해야 하나요?	Do I need to declare this? 두 아이 니드 투 디클레어 디쓰?
신고할 것 아무것도 없어요.	I have nothing to declare. 아이 해브 낫띵 투 디클레어.
그것은 이번에 산 것 아니에요.	I didn't buy it this time. 아이 디든트 바이 잇 디쓰 타임.
세금은 얼마예요?	How much is the tax? 하우 머취 이즈 더 택쓰?
벌금 얼마예요?	How much is the fine? 각 나라마다 면세 한도가 다르니 미리 확인하는 것이 좋아요. 하우 머취 이즈 더 파인?
신용카드로 지불할 수 있나요?	Can I pay with a credit card? 캔 아이 페이 위드 어 크레딧카드?

해외여행 영어영문 10분만 기억

입국심사

공항에서:
⑧ 수하물 찾기 어려울 때

비행기에서 내린 후, 따로 부친 짐을 찾는 곳은 배기쥐 클래임(baggage claim)이라고 불린다. 엇비슷한 가방 들 사이에서 내 짐을 빨리 찾을 수 있도록 가방에 특별 한 표시를 해두면 좋다. 그러나 아무리 찾아도 내 짐이 보이지 않는다면 "Can you"를 써서 짐을 찾아 달라고 요청해 보자.

무료 강의 및
MP3 바로 듣기

🧳 **Baggage Claim**

**Can you find
my baggage?**
제 짐을 찾아줄 수 있나요?

🛬 바로 쓰는 여행 단어

못 찾다 can't find 캔트 파인드
배낭 backpack 백팩
골프백 golf bag 골프백

유모차 stroller 스트롤러
수하물 영수증 baggage claim tag 배기쥐 클래임 택
하드케이스로 된 hard-cased 하드캐이쓰드

"Can you"로 요청하세요.

공항에서

제 짐을 찾아줄 수 있나요?	**Can you** find my baggage? 캔 유 파인드 마이 배기쥐?
제 골프백을 찾아줄 수 있나요?	**Can you** find my golf bag? 캔 유 파인드 마이 골프백?
제 유모차를 찾아줄 수 있나요?	**Can you** find my stroller? 캔 유 파인드 마이 스트롤러?
제 가방을 찾아줄 수 있나요?	**Can you** find my bag? 캔 유 파인드 마이 백?

이런 말도 할 수 있어요.

제 물건을 찾을 수 없어요.	I can't find my stuff. 아이 캔트 파인드 마이 스터프.
제 가방은 검정색이에요.	My bag is black. 마이 백 이즈 블랙.
제 가방은 이만한 사이즈예요.	My bag is this size. 마이 백 이즈 디쓰 싸이즈.
제 가방은 하드케이스예요.	My bag is hard-cased. 마이 백 이즈 하드케이쓰드.
이것은 제 주소예요.	This is my address. 디쓰 이즈 마이 애드레쓰.
제 가방이 파손됐어요.	My bag is damaged. 마이 백 이즈 대미쥐드.

> 짐을 못 찾은 경우, 주소를 알려주고 배송을 요청하세요.

해커스톡 여행영어 10분의 기적

기초회화부터 여행영어까지

해커스톡 무료강의

HackersTalk.co.kr

교통수단

특이한 모양의 버스를 타거나, 기차에서 이국적인 경치를
감상하며 여행의 낭만을 즐겨보자. 렌터카를 빌려 직접 운전에
도전해 보는 것도 잊지 못할 추억이 될 수 있다. 이 모든
즐거움을 누리기 위해 필요한 모든 영어를 롸잇 나우, 여기서
확인할 수 있다.

❶ 가는 방법 문의할 때

여행지의 교통수단을 미리 검색해 보고 가면 이동
도 편리하고, 트램이나 페리 등 그 지역의 특색 있
는 교통수단을 경험해 볼 수도 있다. 그러나 출발
전 검색해보지 못했어도 걱정할 필요는 없다. 시
내로 갈 계획인데 어떻게 가야 할지 모르겠다면
"How do I"를 써서 시내로 가는 방법을 물어보자.

무료 강의 및
MP3 바로 듣기

How do I get downtown?
시내로 어떻게 가나요?

바로 쓰는 여행 단어

시내로 downtown 다운타운
공항 airport 에어포트
이 장소 this place 디쓰 플래이쓰

가는 길 directions 디뤡션쓰
어떻게 how 하우
버스로 by bus 바이 버쓰

"How do I"로 물어보세요.

시내로 어떻게 가나요?	**How do I** get downtown? 하우 두 아이 겟 다운타운?
공항으로 어떻게 가나요?	**How do I** get to the airport? 하우 두 아이 겟 투 디 에어포트?
ABC 호텔로 어떻게 가나요?	**How do I** get to ABC hotel? 하우 두 아이 겟 투 에이비씨 호텔?
이 장소로 어떻게 가나요?	**How do I** get to this place? 하우 두 아이 겟 투 디쓰 플래이쓰?

이런 말도 할 수 있어요.

가는 길 좀 물어볼 수 있나요?	Can I ask you for directions? 캔 아이 애스크 유 포 디렉션쓰?
여기에서 멀어요?	Is it far from here? 이즈 잇 퐈 프롬 히얼?
그곳에 걸어서 갈 수 있나요?	Can I walk there? 캔 아이 워크 데얼?
가장 빠른 방법이 뭐예요?	What is the fastest way? 왓 이즈 더 풰스티스트 웨이?
얼마나 걸리나요?	How long does it take? 하우 롱 더즈 잇 테이크?
많이 막히나요?	Is there a lot of traffic? 이즈 데얼 얼랏오브 트뤠픽?

② 버스표 구매할 때

주로 버스를 타고 다닐 계획이라면 한 장으로 하루 종일 자유롭게 대중교통을 이용할 수 있는 원데이패스(one-day pass)가 있는지 알아보자. 하지만 버스를 탈 일이 많지 않다면 필요할 때 버스표를 구매하는 것이 더 저렴하다. "Please"를 써서 표를 달라고 말해보자.

무료 강의 및
MP3 바로 듣기

A ticket, please.
표 1장 주세요.

🚇 바로 쓰는 여행 단어

버스표 bus ticket 버쓰 티켓
어른 adult 어덜트
어린이 child 촤일드
왕복 round-trip 라운드트립
편도 one-way 원웨이
버스 정류장 bus stop 버쓰 스탑

"Please"로 요청하세요.

표 1장 주세요.	A ticket, **please**. 어 티켓, 플리즈.
어른 2장 주세요.	Two adults, **please**. 투 어덜츠, 플리즈.
어린이 2장 주세요.	Two children, **please**. 투 췰드런, 플리즈.
왕복표 1장 주세요.	A round-trip ticket, **please**. 어 라운드트립 티켓, 플리즈.

 ## 이런 말도 할 수 있어요.

표 어디에서 살 수 있나요?	Where can I buy a ticket? 웨얼 캔 아이 바이 어 티켓?
버스 정류장 어디 있어요?	Where is the bus stop? 웨얼 이즈 더 버쓰 스탑?
왕복표 얼마예요?	How much is a round-trip ticket? 하우 머취 이즈 어 라운드트립 티켓?
어린이는 얼마예요?	How much is it for a child? 하우 머취 이즈 잇 포 러 촤일드?
마지막 버스 언제예요?	When is the last bus? 웬 이즈 더 라스트 버쓰?
버스 노선도 받을 수 있나요?	Can I get a bus route map? 캔 아이 겟 어 버쓰 루트맵?

해내스톡
여행행영어
1o편의 기억

교통수단:

❸ 버스 승하차 문의할 때

해외에서는 국경이 맞닿아 있는 다른 나라로 고속버스나
기차를 타고도 갈 수 있다. 이웃 나라로 이동하기 위해 국
제터미널에 갔는데 어디서 버스를 타야 하는지 모르겠다
면 "Where can I"를 써서 버스 승차 장소를 물어보자.

무료 강의 및
MP3 바로 듣기

Where can I take the bus?
버스 어디서 탈 수 있나요?

🚌 바로 쓰는 여행 단어

버스를 타다 take the bus 테이크 더 버쓰
내리다 get off 겟오프
버스 정류장 bus stop 버쓰 스탑
다음 정류장 next stop 넥쓰트 스탑
다음 버스 next bus 넥쓰트 버쓰
셔틀버스 shuttle 셔틀

🚌 "Where can I"로 물어보세요.

버스 어디서 탈 수 있나요?	**Where can I** take the bus? 웨얼 캔 아이 테이크 더 버쓰?
셔틀버스 어디서 탈 수 있나요?	**Where can I** take the shuttle? 웨얼 캔 아이 테이크 더 셔틀?
시내버스 어디서 탈 수 있나요?	**Where can I** take the city bus? 웨얼 캔 아이 테이크 더 씨티버쓰?
10번 버스 어디서 탈 수 있나요?	**Where can I** take bus number ten? 웨얼 캔 아이 테이크 버쓰 넘버 텐?

🚌 교통수단

🚌 이런 말도 할 수 있어요.

다음 버스 언제예요?	When is the next bus? 웬 이즈 더 넥쓰트 버쓰?
7번 버스 여기에서 정차하나요?	Does bus number seven stop here? 더즈 버쓰 넘버 쎄븐 스탑 히얼?
이 버스 공항으로 가나요?	Does this bus go to the airport? 더즈 디쓰 버쓰 고 투 디 에어포트?
버스가 얼마나 자주 오나요?	How often does the bus come? 하우 오픈 더즈 더 버쓰 컴?
버스 운행 종료되었나요?	Has the bus stopped running? 해즈 더 버쓰 스탑트 뤄닝?
다음은 무슨 정류장이에요?	What is the next stop? 왓 이즈 더 넥쓰트 스탑?

교통수단:

❹ 기차/전철표 구매할 때

여행지에 따라 정해진 기간 동안 횟수 제한 없이 기차를
이용할 수 있는 레일 패스도 있는데, 레일 패스를 이용할
계획이 없다면 기차역이나 전철역에 가서 표를 사면 된
다. 여행 중 기차로 이동하는 여정이라면 "Please"를 써
서 행선지로 가는 표를 달라고 말해보자.

무료 강의 및
MP3 바로 듣기

A ticket to LA, please.
LA행 표 1장 주세요.

🚉 바로 쓰는 여행 단어

전철표 subway ticket 써브웨이 티켓
전철역 subway station 써브웨이 스테이션
복도 좌석 aisle seat 아일 씻
창가 좌석 window seat 윈도우 씻
편도 one-way 원웨이
왕복 round-trip 라운드트립

(🚉) **"Please"로 요청하세요.**

LA행 표 1장 주세요.	**A ticket to LA, please.** 어 티켓 투 엘에이, 플리즈.
복도 좌석 표 1장 주세요.	**A ticket for an aisle seat, please.** 어 티켓 포 런 아일 씻, 플리즈.
창가 좌석 표 1장 주세요.	**A ticket for a window seat, please.** 어 티켓 포 러 윈도우 씻, 플리즈.
침대칸 표 1장 주세요.	**A ticket for a sleeping car, please.** 어 티켓 포 러 슬리핑 카, 플리즈.

(🚉) 이런 말도 할 수 있어요.

전철역 어디 있어요?	**Where is the subway station?** 웨얼 이즈 더 써브웨이 스테이션?
표 어디에서 살 수 있나요?	**Where can I buy a ticket?** 웨얼 캔 아이 바이 어 티켓?
편도표 얼마예요?	**How much is a one-way ticket?** 하우 머취 이즈 어 원웨이 티켓?
일일 이용권 있어요?	**Do you have a one-day pass?** 두 유 해브 어 원데이패쓰?
전철 노선도 받을 수 있나요?	**Can I get a subway map?** 캔 아이 겟 어 써브웨이 맵?
마지막 기차 언제예요?	**When is the last train?** 웬 이즈 더 라스트 트레인?

하루 동안
무제한 이용할
수 있는
정액권이 있는
도시도 있으니
확인해보세요.

해커스톡
여행영어
10분의 기억

⑤ 기차/전철 승하차 문의할 때

규모가 큰 기차역은 다양한 노선들이 운영되어 역 안이 매우 복잡할 수 있다. 어떤 기차를 어디서 타야 하는지 모르겠다면 "Where can I"를 써서 어디서 기차를 타는지 물어보자.

무료 강의 및
MP3 바로 듣기

07:

Where can I take the train?
기차 어디서 탈 수 있나요?

바른 빠른 여행영어

기차를 타다 take the train 테이크 더 트레인
전철을 타다 take the subway 테이크 더 써브웨이
트램을 타다 take the tram 테이크 더 트렘
내리다 get off 겟오프
다음 기차 next train 넥쓰트 트레인
환승 transfer 트렌스풔

"Where can I"로 물어보세요.

교통수단

기차 어디서 탈 수 있나요?	**Where can I** take the train? 웨얼 캔 아이 테이크 더 트뤠인?
전철 어디서 탈 수 있나요?	**Where can I** take the subway? 웨얼 캔 아이 테이크 더 써브웨이?
트램은 어디서 탈 수 있나요?	**Where can I** take the tram? 웨얼 캔 아이 테이크 더 트뤰?
2호선 어디서 탈 수 있나요?	**Where can I** take line two? 웨얼 캔 아이 테이크 라인 투?

이런 말도 할 수 있어요.

다음 전철 언제예요?	When is the next subway? 웬 이즈 더 넥쓰트 써브웨이?
이거 파리로 가나요?	Does this go to Paris? 더즈 디쓰 고 투 패뤼쓰?
어디서 환승해야 하나요?	Where should I transfer? 웨얼 슈드 아이 트뤤스풔?
이 플랫폼이 맞나요?	Is this the right platform? 이즈 디쓰 더 롸이트 플랫폼?
다음 정차역은 어디예요?	What is the next station? 왓 이즈 더 넥쓰트 스테이션?
제가 맞는 기차에 탄 건가요?	Am I on the right train? 앰 아이 온 더 롸이트 트뤠인?

해커스톡
여행행여어
10분이기면

❻ 택시 승차할 때

아무리 기다려도 택시가 안 잡힌다면 '우버(Uber)' 어플을 사용해 택시를 부를 수 있다. 내 위치와 목적지를 입력하면 요금이 정해져 바가지를 쓸 일도 없고, 비교적 저렴하다. 택시 승차에 성공했다면, "Please"를 써서 목적지로 가달라고 말해보자.

무료 강의 및
MP3 바로 듣기

The airport, please.
공항으로 가주세요.

🚌 **바로 쓰는 여행 단어**

택시 승강장 taxi stand 택시 스탠드

기본요금 base fare 베이쓰 풰어

공항 airport 에어포트

시내로 downtown 다운타운

이 주소 this address 디쓰 애드뤠쓰

트렁크를 열다 open the trunk 오픈 더 트륑크

"Please"로 요청하세요.

공항으로 가주세요.	The airport, **please**. 디 에어포트, 플리즈.
힐튼 호텔로 가주세요.	The Hilton Hotel, **please**. 더 힐튼 호텔, 플리즈.
센트럴 파크로 가주세요.	Central Park, **please**. 센트럴파크, 플리즈.
이 주소로 가주세요.	This address, **please**. 디쓰 애드뤠쓰, 플리즈.

교통수단

이런 말도 할 수 있어요.

택시 어디서 타요?	Where can I take a taxi? 웨얼 캔 아이 테이크 어 택시?
얼마나 걸리나요?	How long does it take? 하우 롱 더즈 잇 테이크?
트렁크 좀 열어줄 수 있나요?	Can you open the trunk? 캔 유 오픈 더 트륑크?
더 빨리 가줄 수 있나요?	Can you go faster? 캔 유 고 풰스터?
속도 좀 줄여줄 수 있나요?	Can you slow down? 캔 유 슬로우다운?
에어컨 좀 켜줄 수 있나요?	Can you turn on the AC? 캔 유 턴온 디 에이씨?

교통수단:

⑦ 택시 하차할 때

팁 문화가 발달한 미국 같은 나라에서는 미터기 요금의 15~20% 정도 팁을 줘야 한다. 미터기 요금에 팁까지 더하고 나니 현금이 부족할 것 같다면 얼른 "Can you"를 써서 저기서 세워달라고 요청하자.

무료 강의 및
MP3 바로 듣기

(🚌) **바로 쓰는 여행 단어**

세우다 stop 스탑
여기 here 히얼
코너 corner 코너
교차로 intersection 인터쎅션
잔돈 change 췌인쥐
요금 fare 풰어

Can you stop over there?
저기서 세워줄 수 있나요?

TAXI

"Can you"로 요청하세요.

저기서 세워줄 수 있나요?	**Can you** stop over there? 캔 유 스탑 오버 데얼?
여기서 세워줄 수 있나요?	**Can you** stop here? 캔 유 스탑 히얼?
코너에서 세워줄 수 있나요?	**Can you** stop at the corner? 캔 유 스탑 앳 더 코너?
횡단보도에서 세워줄 수 있나요?	**Can you** stop at the crosswalk? 캔 유 스탑 앳 더 크로쓰워크?

이런 말도 할 수 있어요.

얼마예요?	How much is it? 하우 머취 이즈 잇?
여기가 센트럴 파크 맞나요?	Is this Central Park? 이즈 디쓰 센트럴 파크?
신용카드로 지불할 수 있나요?	Can I pay with a credit card? 캔 아이 페이 위드 어 크레딧카드?
요금이 너무 많이 나왔어요.	The fare is too high. 더 풰어 이즈 투 하이.
잔돈은 가지세요.	Keep the change. 킵 더 췌인쥐.
잔돈 거슬러 주세요.	I want change back, please. 아이 원트 췌인쥐 백, 플리즈.

교통수단:

⑧ 렌터카 빌릴 때

해외에서 운전을 하려면 국제면허증을 발급받아야 한다. 여행 전에 여권, 운전면허증, 사진을 지참하여 가까운 발급기관에서 신청하면 된다. 국제면허증까지 신청했으니, "I want"를 써서 마음에 드는 멋진 차를 렌트해 보자.

무료 강의 및
MP3 바로 듣기

I want this car.
이 차를 원해요.

🛏 **바로 쓰는 여행 단어**

보험 insurance 인슈어런쓰
네비게이션 GPS 쥐피에쓰
휘발유 gasoline 개솔린
경유 diesel 디젤
반납하다 return 뤼턴
국제면허증 international driving permit
인터내셔널 드롸이빙 퍼밋

🚍 "I want"로 말해보세요.

이 차를 원해요.	**I want** this car. 아이 원트 디쓰 카.
소형차를 원해요.	**I want** a compact car. 아이 원트 어 컴팩트 카.
중형차를 원해요.	**I want** a mid-size car. 아이 원트 어 미드싸이즈 카.
SUV를 원해요.	**I want** an SUV. 아이 원트 언 에스유브이.

🚍 교통수단

🚍 이런 말도 할 수 있어요.

예약했어요.	I have a reservation. 아이 해브 어 뤠저붸이션.
하루에 얼마예요?	How much is it per day? 하우 머취 이즈 잇 퍼 데이?
언제 반납해야 하나요?	When should I return it? 웬 슈드 아이 뤼턴 잇?
보험 포함되어 있나요?	Is insurance included? 이즈 인슈어런쓰 인클루디드?
종합보험을 원해요.	I want full coverage. 아이 원트 풀 커버뤼쥐.
네비게이션 추가하고 싶어요.	I want to add GPS. 아이 원트 투 애드 쥐피에쓰.

> 네비게이션은 영어로
> GPS라고 불러요.

해버스톡
여행하영어
10만이기억

61

내 회화 실력을 알아보는

해커스톡 1분 레벨테스트

*HackersTalk.co.kr

숙소에서

막힌 가슴이 뻥 뚫리는 오션뷰, 호텔 수영장에서 즐기는
칵테일 한 잔의 여유, 그리고 맛있는 조식 뷔페로 시작하는
행복한 아침. 관광도 중요하지만 숙소에서 보내는 매 순간도
그냥 흘려 보낼 수는 없지. 더 완벽한 여행을 위해 필요한 영어,
여기에 다 있다.

숙소에서:

① 방 있는지 문의할 때

숙소 가격비교 사이트나 어플을 이용하면 저렴하면서도 이용객 평가가 좋은 숙소 정보를 얻을 수 있다. 하지만 여행 전에 미리 예약을 못해서 갑자기 숙소를 잡아야 할 때가 생긴다면 긴장하지 말고 로비에 가서 "Do you have"를 써서 묵을 수 있는 방이 있는지 물어보자.

무료 강의 및
MP3 바로 듣기

Do you have a room?
방 있나요?

바로 쓰는 여행 단어

1인실 single room 씽글룸	**보증금** deposit 디파짓
2인실 double room 더블룸	**예약** reservation 뤠저붸이션
숙박비 room rate 룸 뤠이트	**조식** breakfast 브렉풔스트

"Do you have"로 물어보세요.

방 있나요?	**Do you have** a room? 두 유 해브 어 룸?
오늘 밤 방 있나요?	**Do you have** a room for tonight? 두 유 해브 어 룸 포 투나잇?
저렴한 방 있나요?	**Do you have** a cheap room? 두 유 해브 어 칩 룸?
4명이 묵을 방 있나요?	**Do you have** a room for four people? 두 유 해브 어 룸 포 포 피플?

 이런 말도 할 수 있어요.

예약 안 했어요.	I don't have a reservation. 아이 돈트 해브 어 뤠저붸이션.
1인실 있나요?	Do you have a single room? 두 유 해브 어 씽글룸?
2박 묵을 거예요.	I'll stay for two nights. 알 스테이 포 투 나잇츠.
조식이 포함되어 있나요?	Is breakfast included? 이즈 브렉풔스트 인클루디드?
숙박비 얼마예요?	How much is the room? 하우 머취 이즈 더 룸?	"What is the room rate?"라고 말할 수도 있어요.
보증금 얼마예요?	How much is the deposit? 하우 머취 이즈 더 디파짓?

숙소에서:
❷ 원하는 객실 타입 요청할 때

숙소의 객실 타입은 기본적으로는 침대 종류로 구분된다. 더블베드 룸에는 2인용 침대 한 개 🛏, 트윈베드 룸은 1인용 침대 두 개 🛏🛏, 싱글베드 룸은 1인용 침대 🛏 한 개가 마련되어 있다. 혼자라도 넓은 침대에서 편하게 자고 싶다면 "I want"를 써서 더블베드 룸을 요청해보자.

무료 강의 및
MP3 바로 듣기

I want a double bed.
더블베드를 원해요.

🚌 바로 쓰는 여행 단어

더블베드 double bed 더블베드
트윈베드 twin bed 트윈베드
스위트룸 suite 스위트
바다 전망 ocean view 오션 뷰유
객실 업그레이드 room upgrade 룸 업그레이드
추가 침대 extra bed 엑쓰트라 베드

"I want"로 말해보세요.

더블베드를 원해요.	**I want** a double bed. 아이 원트 어 더블베드.
트윈베드를 원해요.	**I want** a twin bed. 아이 원트 어 트윈베드.
스위트룸을 원해요.	**I want** a suite. 아이 원트 어 스위트.
바다 전망을 원해요.	**I want** an ocean view. 아이 원트 언 오션 뷰유.

 이런 말도 할 수 있어요.

호수 전망을 원해요.	I want a lake view. 아이 원트 어 레이크 뷰유.
흡연 객실 있나요?	Do you have a smoking room? 두 유 해브 어 스모킹 룸?
객실 업그레이드 받을 수 있나요?	Can I get a room upgrade? 캔 아이 겟 어 룸 업그레이드?
추가 침대를 원해요.	I want an extra bed. 아이 원트 언 엑쓰트롸 베드.
창문 있나요?	Does it have any windows? 더즈 잇 해브 애니 윈도우즈?
전망 좋은 방을 원해요.	I want a room with a view. 아이 원트 어 룸 위드 어 뷰유.

운이 좋다면 무료로 객실 업그레이드를 받을 수도 있으니 한 번 물어보세요.

해커스톡 여행영어 10분의 기적

숙소에서:
③ 체크인/아웃 문의할 때

보통은 정해진 입실(체크인)과 퇴실(체크아웃) 시간이 있지만, 숙소에 따라서 정해진 시간보다 일찍 입실하는 얼리 체크인(early check-in)과 늦게 퇴실하는 레이트 체크아웃(late check-out)이 가능한 곳도 있다. 숙소에 일찍 도착했다면 힘들게 기다리지 말고 "Can I"를 써서 지금 체크인이 가능한지 물어보자.

무료 강의 및
MP3 바로 듣기

Can I check in now?
지금 체크인할 수 있나요?

🏨 바로 쓰는 여행 단어

체크인 check-in 췌크인
체크아웃 check-out 췌크아웃
늦게 late 레이트
바우처, 예약 증서 voucher 봐우처
연장하다 extend 익쓰텐드
짐을 보관하다 store baggage 스토어 배기쥐

"Can I"로 요청하세요.

지금 체크인할 수 있나요?	**Can I** check in now? 캔 아이 췌크인 나우?
지금 체크아웃할 수 있나요?	**Can I** check out now? 캔 아이 췌크아웃 나우?
일찍 체크인할 수 있나요?	**Can I** check in early? 캔 아이 췌크인 얼리?
늦게 체크아웃할 수 있나요?	**Can I** check out late? 캔 아이 췌크아웃 레이트?

호텔 숙소에서

 이런 말도 할 수 있어요.

예약했어요.
I have a reservation.
아이 해브 어 뤠저붸이션.

여기 제 바우처요.
Here is my voucher.
히얼 이즈 마이 바우쳐.

> 예약 확인 서류로, 체크인을 할 때 필요해요.

여기 제 여권이요.
Here is my passport.
히얼 이즈 마이 패쓰포트.

체크아웃은 몇 시예요?
What time is check-out?
왓 타임 이즈 췌크아웃?

레이트 체크아웃은 얼마예요?
How much is late check-out?
하우 머취 이즈 레이트 췌크아웃?

짐 좀 보관해줄 수 있나요?
Can you store my baggage?
캔 유 스토어 마이 배기쥐?

해커스톡
여행영어
10분의 기적

❹ 이용 시간 문의할 때

호텔 내 모든 시설들이 24시간 운영되는 것은 아
니다. 각 시설의 운영 시간은 프런트에 문의하면
친절하게 알려준다. 호텔 식당에서 식사할 거라면
이용 가능 시간을 놓치지 않고 제때 맛있는 식사
를 할 수 있도록 "When is"를 써서 언제 여는지
물어보자.

무료 강의 및
MP3 바로 듣기

🗐 바로 쓰는 여행 단어

수영장 pool 풀
헬스장 gym 짐
세탁실 laundry room 런드뤼룸
조식 breakfast 브렉풔스트
탁아서비스 daycare 데이케어
24시간 24 hours 트웬티포 아우어쓰

When is the restaurant open?
식당 언제 여나요?

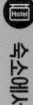

 "When is"로 물어보세요.

식당 언제 여나요?	**When is** the restaurant open? 웬 이즈 더 뤠스터런트 오픈?
수영장 언제 여나요?	**When is** the pool open? 웬 이즈 더 풀 오픈?
스파 언제 여나요?	**When is** the spa open? 웬 이즈 더 스파 오픈?
헬스장 언제 여나요?	**When is** the gym open? 웬 이즈 더 짐 오픈?

이런 말도 할 수 있어요.

조식 언제 끝나요?	When does breakfast end? 웬 더즈 브렉풔스트 엔드?
수영장 언제 닫아요?	When does the pool close? 웬 더즈 더 풀 클로즈?
헬스장 24시간 여나요?	Is the gym open 24 hours? 이즈 더 짐 오픈 트웬티포 아우어쓰?
탁아서비스 이용 시간은 언제인가요?	What are the hours for daycare? 왓 아 디 아우어쓰 포 데이케어?
식당은 언제 닫나요?	When does the restaurant close? 웬 더즈 더 뤠스터런트 클로즈?
마사지 샵은 언제 이용할 수 있나요?	When can I use the massage shop? 웬 캔 아이 유즈 더 마싸지 샵?

숙박 동안 탁아서비스를 제공하는 호텔도 있어요.

해커스톡 여행영어 10분의 1기적

71

⑤ 객실 내 문제 해결 요청할 때

객실 내 물품이나 시설에 문제가 있는 경우, 바로 직원에게 알리자. 괜히 이야기하지 않고 있다가 퇴실할 때 내가 책임을 져야 하는 곤란한 상황을 예방할 수 있기 때문이다. 설레는 맘으로 객실에 들어갔는데 불이 들어오지 않는다면? 망설이지 말고 "Can you"를 써서 등을 확인해 달라고 요청하자.

무료 강의 및
MP3 바로 듣기

🏨 바로 쓰는 여행 단어

에어컨 AC 에이씨
히터 heater 히터
창문 window 윈도우
냉장고 fridge 프리쥐
샤워기 shower 샤워
변기 toilet 토일렛

**Can you check
the light?**
등 좀 확인해 줄 수 있나요?

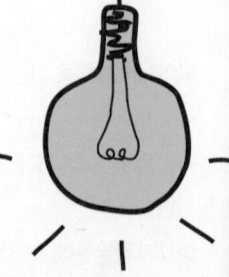

"Can you"로 요청하세요.

등 좀 확인해 줄 수 있나요?	**Can you** check the light? 캔 유 췌크 더 라이트?
에어컨 좀 확인해 줄 수 있나요?	**Can you** check the AC? 캔 유 췌크 디 에이씨?
히터 좀 확인해 줄 수 있나요?	**Can you** check the heater? 캔 유 췌크 더 히터?
샤워기 좀 확인해 줄 수 있나요?	**Can you** check the shower? 캔 유 췌크 더 샤워?

> AC는 에어컨이고, Air Conditioning (에어 컨디셔닝)의 약자예요.

이런 말도 할 수 있어요.

변기 물이 안 내려가요.	The toilet doesn't flush. 더 토일렛 더즌트 플러쉬.
콘센트를 찾을 수 없어요.	I can't find the power socket. 아이 캔트 파인드 더 파워 소켓.
수압이 너무 낮아요.	The water pressure is too low. 더 워터 프뤠셔 이즈 투 로우.
뜨거운 물 안 나와요.	There is no hot water. 데얼 이즈 노 핫 워터.
히터가 작동하지 않아요.	The heater is not working. 더 히터 이즈 낫 월킹.
너무 시끄러워요.	It's too noisy. 잇츠 투 노이지.

해커스북
여행행영어
10분이기련

숙소에서

숙소에서:

❻ 객실 용품 요청할 때

비누, 샴푸, 수건과 같은 객실 비품은 여메니티 (amenity)라고 한다. 무료로 제공되며 다 쓴 경우 매일 객실 청소 시 새로 교체해준다. 하지만 실수로 비누를 변기에 빠뜨렸다면? 걱정하지 말고 "Can I"를 써서 프런트에 비누를 달라고 요청해보자.

무료 강의 및
MP3 바로 듣기

Can I get soap?
비누 좀 받을 수 있나요?

🗨 바로 쓰는 여행 단어

비누 soap 쏩
수건 towel 타월
칫솔 toothbrush 투쓰브뤄쉬
헤어 드라이기 hair dryer 헤어 드라이어
빗 hair brush 헤어 브뤄쉬
베개 pillow 필로우

"Can I"로 요청하세요.

비누 좀 받을 수 있나요?	**Can I** get soap? 캔 아이 겟 쏩?
수건 좀 받을 수 있나요?	**Can I** get a towel? 캔 아이 겟 어 타월?
칫솔 좀 받을 수 있나요?	**Can I** get a toothbrush? 캔 아이 겟 어 투쓰브뤄쉬?
옷걸이 좀 받을 수 있나요?	**Can I** get a hanger? 캔 아이 겟 어 행어?

이런 말도 할 수 있어요.

베개 하나 더 받을 수 있나요?	Can I get one more pillow? 캔 아이 겟 원 모어 필로우?
면도기 좀 받을 수 있나요?	Can I get a razor? 캔 아이 겟 어 뤠이저?
침대 시트 갈아줄 수 있나요?	Can you change the bed sheet? 캔 유 췌인쥐 더 베드 쉬트?
슬리퍼 좀 갖다 줄 수 있나요?	Can you bring me slippers? 캔 유 브륑 미 슬리퍼쓰?
화장실 휴지가 다 떨어졌어요.	The toilet paper ran out. 더 토일렛 페이퍼 뤤아웃.
휴대폰 충전기 좀 빌릴 수 있나요?	Can I borrow a cell phone charger? 캔 아이 바로우 어 쎌폰 촤저?

> 두루마리 휴지는 toilet paper 1고, 일반적으로 쓰는 휴지는 tissue 라고 말해요.

해커스톡
여행영어
10분의 기적

75

숙소에서:

❼ 셔틀버스 문의할 때

체크인하면서 숙소에서 운영하는 셔틀버스 서
비스가 있는지 확인하자. 호텔 셔틀버스가 있다
면 편하고 저렴하게 (또는 무료로!) 주요 관광지
나 시내, 공항 등으로 이동할 수 있다. 짐이 많은
데 편하게 공항으로 이동하고 싶다면? "Do you
have"를 써서 공항으로 가는 셔틀버스가 있는
지 물어보자.

무료 강의 및
MP3 바로 듣기

**Do you have a shuttle
to the airport?**
공항으로 가는 셔틀버스 있나요?

바로 쓰는 여행 단어

셔틀버스	shuttle	셔틀
시내로	downtown	다운타운
역	station	스테이션
무료의	free	프리
예약하다	reserve	리저브
시간표	timetable	타임테이블

"Do you have"로 물어보세요.

공항으로 가는 셔틀버스 있나요?	**Do you have** a shuttle to the airport? 두 유 해브 어 셔틀 투 디 에어포트?
시내로 가는 셔틀버스 있나요?	**Do you have** a shuttle to downtown? 두 유 해브 어 셔틀 투 다운타운?
쇼핑몰로 가는 셔틀버스 있나요?	**Do you have** a shuttle to the mall? 두 유 해브 어 셔틀 투 더 몰?
해변으로 가는 셔틀버스 있나요?	**Do you have** a shuttle to the beach? 두 유 해브 어 셔틀 투 더 비취?

 이런 말도 할 수 있어요.

셔틀버스 어디서 탈 수 있나요?	Where can I take the shuttle? 웨얼 캔 아이 테이크 더 셔틀?
셔틀버스 무료인가요?	Is the shuttle free? 이즈 더 셔틀 프리?
좌석 예약해야 하나요?	Should I reserve a seat? 슈드 아이 뤼저브 어 씻?
시간표 받을 수 있나요?	Can I get a timetable? 캔 아이 겟 어 타임테이블?
다음 버스 언제예요?	When is the next bus? 웬 이즈 더 넥쓰트 버쓰?
마지막 버스 언제예요?	When is the last bus? 웬 이즈 더 라스트 버쓰?

❽ 기타 서비스 요청할 때

모닝콜 같은 기본 서비스 외에도 택시 호출, 공연이나
교통편 예약, 쇼핑 대행과 같은 다양한 서비스를 제공
하는 호텔도 있다. 처음 와 본 외국에서 무작정 나가
택시를 잡는 것이 어렵게 느껴진다면 호텔 프런트에서
"Can you"를 써서 택시를 불러 달라고 요청해보자.

무료 강의 및
MP3 바로 듣기

📖 바로 쓰는 여행 단어

모닝콜 wake-up call 웨이크업 콜

룸서비스 room service 룸써비스

와이파이 암호 Wi-Fi password 와이파이 패쓰워드

전자레인지 microwave oven 마이크로웨이브 오븐

시내 지도 city map 씨티 맵

세탁 서비스 laundry service 런드뤼 써비스

Can you call a taxi?
택시 좀 불러줄 수 있나요?

"Can you"로 요청하세요.

택시 좀 불러줄 수 있나요?	**Can you** call a taxi? 캔 유 콜 어 택시?
모닝콜 좀 해줄 수 있나요?	**Can you** give me a wake-up call? 캔 유 기브 미 어 웨이크업 콜?
짐 좀 보관해줄 수 있나요?	**Can you** store my baggage? 캔 유 스토어 마이 배기쥐?
방으로 식사를 갖다 줄 수 있나요?	**Can you** bring a meal to my room? 캔 유 브링 어 밀 투 마이 룸?

숙소에서

 이런 말도 할 수 있어요.

픽업 서비스 있나요?	Is there a pick-up service? 이즈 데얼 어 픽업 써비스?
제 가방 좀 가지고 가 줄 수 있나요?	Can you take my bags? 캔 유 테이크 마이 백쓰?
와이파이 쓸 수 있나요?	Can I use Wi-Fi? 캔 아이 유즈 와이파이?
저 대신 표 좀 예약해줄 수 있나요?	Can you book a ticket for me? 캔 유 북 어 티켓 포 미?
시내 지도를 얻을 수 있나요?	Can I get a city map? 캔 아이 겟 어 씨티 맵?
우산 좀 빌릴 수 있나요?	Can I borrow an umbrella? 캔 아이 바로우 언 엄브뤨라?

체크인·아웃 시 이용할 수 있는 서비스로, 보통 팁을 줘야 해요.

해커스톡 여행영어 10분의 기적

기초회화부터 여행영어까지
해커스톡 무료강의
* HackersTalk.co.kr

여행영어 10분의 기적 팟캐스트

웃음도 빵
영어도 빵
터지는 팟캐스트

★ 아이폰즈, 팟빵에서 지금
'해커스톡'을 검색하세요.

쇼핑할 때

앗, 너무 뜨거워! 계획에는 없었지만 여행지의 뜨거운 태양으로부터 나를 보호할 선크림을 사야 할 수도 있다. 선크림을 찾는다는 말부터 가격 흥정에 필요한 말, 만일의 경우 교환이나 환불을 요청하기 위해 필요한 필수 문장까지. 더 스마트한 쇼핑을 위해 필요한 모든 영어를 준비해 두었다.

쇼핑할 때:

❶ 제품이 있는지 문의할 때

해외여행을 가면 그 나라에서 꼭 사와야 하는 필수 아이템들이 있다. 하지만 온통 외국어로 된 상점에서 원하는 제품을 찾기 어려울 수도 있으니 미리 제품 사진을 스마트폰에 담아가는 센스를 발휘해보자! 그런데 아무리 봐도 내가 찾는 선크림이 안 보인다면? 점원에게 사진을 보여주며 "Do you have"를 써서 이 제품이 있는지 물어보자.

무료 강의 및
MP3 바로 듣기

Do you have this sunscreen?
이 선크림 있나요?

🛒 바로 쓰는 여행 단어

선크림 sunscreen 썬스크린

향수 perfume 퍼퓸

지갑 wallet 월렛

비타민 vitamins 봐이타민즈

지역 특산품 local product 로컬 프로덕트

추천 recommendation 뤠커멘데이션

"Do you have"로 물어보세요.

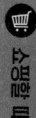

이 선크림 있나요?	**Do you have** this sunscreen? 두 유 해브 디쓰 썬스크린?
이 향수 있나요?	**Do you have** this perfume? 두 유 해브 디쓰 퍼퓸?
이 지갑 있나요?	**Do you have** this wallet? 두 유 해브 디쓰 월렛?
이 핸드백 있나요?	**Do you have** this handbag? 두 유 해브 디쓰 핸드백?

 이런 말도 할 수 있어요.

티셔츠 있나요?	Do you have T-shirts? 두 유 해브 티셔츠?
비타민 있나요?	Do you have vitamins? 두 유 해브 봐이타민즈?
이 제품 있나요?	Do you have this item? 두 유 해브 디쓰 아이템?
이것 파란색으로 있나요?	Do you have this in blue? 두 유 해브 디쓰 인 블루?
가장 인기 있는 것이 뭐예요?	What is the most popular one? 왓 이즈 더 모스트 파퓰러 원?
신발 어디에서 살 수 있나요?	Where can I buy shoes? 웨얼 캔 아이 바이 슈즈?

쇼핑할 때:

❷ 착용/사용 요청할 때

외국은 옷이나 신발의 사이즈 단위가 우리나
라와 다르고, 귀국 후에는 교환도 불가능하니,
가능한 한 직접 착용해보고 사는 것이 현명
한 선택! 마음에 드는 옷을 찾았다면 주저하
지 말고 "Can I"를 써서 입어볼 수 있게 해달
라고 요청해보자.

무료 강의 및
MP3 바로 듣기

Can I try this on?
이것 착용해 볼 수 있나요?

🛒 바로 쓰는 여행 단어

사용해보다 try 트라이
다른 것 another one 어나더 원
더 작은 것 smaller one 스몰러 원
더 큰 것 larger one 라져 원
다른 색상 another color 어나더 컬러
탈의실 fitting room 퓌팅룸

🛒 "Can I"로 요청하세요.

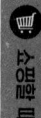

이것 착용해 볼 수 있나요?
Can I try this on?
캔 아이 트라이 디쓰 온?

다른 것 착용해 볼 수 있나요?
Can I try another one?
캔 아이 트라이 어나더 원?

다른 색상 착용해 볼 수 있나요?
Can I try another color?
캔 아이 트라이 어나더 컬러?

다른 사이즈 착용해 볼 수 있나요?
Can I try another size?
캔 아이 트라이 어나더 싸이즈?

🛒 이런 말도 할 수 있어요.

이것 사용해 볼 수 있나요?
Can I try this?
캔 아이 트라이 디쓰?

다른 것 보여줄 수 있나요?
Can you show me another one?
캔 유 쇼 미 어나더 원?

더 작은 것 있나요?
Do you have a smaller one?
두 유 해브 어 스몰러 원?

더 큰 것 있나요?
Do you have a larger one?
두 유 해브 어 라져 원?

탈의실 어디예요?
Where is the fitting room?
웨얼 이즈 더 퓌팅룸?

이것이 더 마음에 들어요.
I like this one better.
아이 라이크 디쓰 원 베터.

해커스톡
여행영어
10문장! 기적

쇼핑할 때:
③ 가격 문의할 때

쇼핑할 때 가장 궁금한 건 가격이다. 하지만 외국 돈으로 적혀있는 가격표는 한화로 얼마인지 바로 감이 오지 않을 때가 많으니, 미리 환율 계산 어플을 다운받아 가면 도움이 된다. 그런데 야시장에서 발견한 예쁜 기념품에 가격표가 없다면? 걱정하지 말고 "How much"를 써서 가격을 물어보자.

무료 강의 및
MP3 바로 듣기

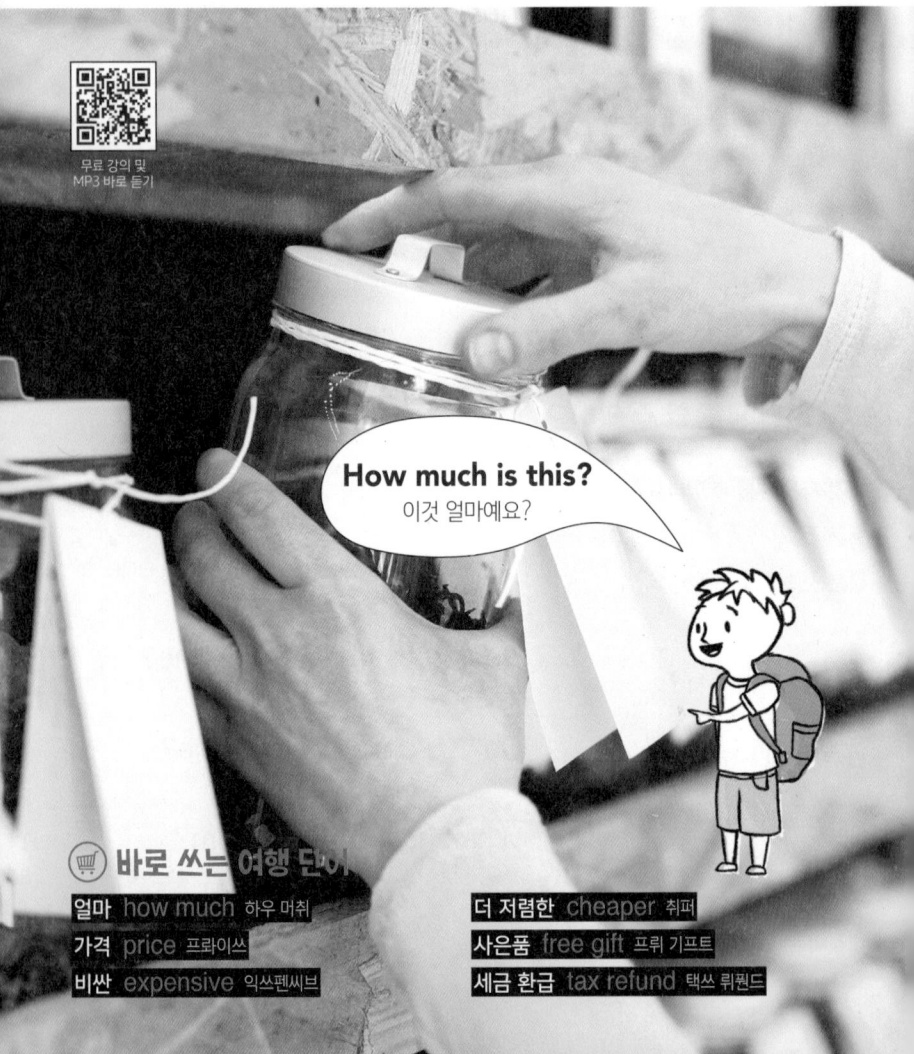

How much is this?
이것 얼마예요?

🛒 **바로 쓰는 여행 단어**

얼마 how much 하우 머취		**더 저렴한** cheaper 취퍼	
가격 price 프라이쓰		**사은품** free gift 프뤼 기프트	
비싼 expensive 익쓰펜씨브		**세금 환급** tax refund 택쓰 뤼뿬드	

"How much"로 물어보세요.

쇼핑할 때

이것 얼마예요?	**How much** is this? 하우 머취 이즈 디쓰?
이 티셔츠 얼마예요?	**How much** is this T-shirt? 하우 머취 이즈 디쓰 티셔트?
이 가방 얼마예요?	**How much** is this bag? 하우 머취 이즈 디쓰 백?
이 비타민 얼마예요?	**How much** is this vitamin? 하우 머취 이즈 디쓰 봐이타민?

 이런 말도 할 수 있어요.

다 해서 얼마예요?	How much is the total? 하우 머취 이즈 더 토털?
세금 포함해서 얼마예요?	How much is it with tax? 하우 머취 이즈 잇 위드 택쓰?
너무 비싸요.	It's too expensive. 잇츠 투 익쓰펜씨브.
할인하는 것 있나요?	Do you have any discounts? 두 유 해브 애니 디스카운츠?
나중에 세금 환급받을 수 있나요?	Can I get a tax refund later? 캔 아이 겟 어 택쓰 뤼펀드 레이터?
이것은 원 플러스 원인가요?	Is it buy one and get one free? 이즈 잇 바이 원 앤 겟 원 프뤼?

> 미국에서 쇼핑할 때 가격표 금액에 추가로 판매세(5~8%)가 붙을 수 있으니 계산 전에 미리 알아보세요.

해외스톡 여행영어 10분의 기적

쇼핑할 때:

④ 가격 흥정할 때

공항, 호텔 등에 비치된 지도나 여행안내 책자에 쇼핑 할인쿠폰이 수록되기도 하니 놓치지 말고 알뜰살뜰한 쇼핑을 즐겨보자. 할인쿠폰을 뜯어 오긴 했는데, 계산대에서 그냥 내밀면 되는 건지 고민이 된다면? 걱정하지 말고 "Can I"를 써서 할인을 요청해보자.

무료 강의 및
MP3 바로 듣기

Can I get a discount?
할인 받을 수 있나요?

🛒 바로 쓰는 여행 단어

할인 discount 디스카운트
추가 할인 additional discount 어디셔널 디스카운트
할인쿠폰 discount coupon 디스카운트 쿠폰
너무 비싼 too expensive 투 익쓰펜씨브
더 저렴한 것 cheaper one 취퍼 원
더 저렴한 가격 lower price 로월 프라이쓰

🛒 "Can I"로 요청하세요.

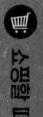

할인 받을 수 있나요?	**Can I** get a discount? 캔 아이 겟 어 디스카운트?
이 쿠폰 사용할 수 있나요?	**Can I** use this coupon? 캔 아이 유즈 디쓰 쿠폰?
이 가격에 살 수 있나요?	**Can I** buy it for this price? 캔 아이 바이 잇 포 디쓰 프라이쓰?
더 좋은 가격에 살 수 있나요?	**Can I** get a better price? 캔 아이 겟 어 베터 프라이쓰?

🛒 이런 말도 할 수 있어요.

너무 비싸요.	It's too expensive. 잇츠 투 익쓰펜씨브.
그렇게 많이 못 내요.	I can't pay that much. 아이 캔트 페이 댓 머취.
더 저렴한 것 있나요?	Do you have a cheaper one? 두 유 해브 어 취퍼 원?
그걸로 살게요.	I'll take it. 알 테이크 잇.
할인쿠폰 있어요.	I have a discount coupon. 아이 해브 어 디스카운트 쿠폰.
이게 제가 가진 전부예요.	This is all I have. 디쓰 이즈 올 아이 해브.

해커스톡
여행회화어
10분의 기적

⑤ 계산할 때

요즘은 해외에서 사용할 경우 혜택을 제공하는 신용카드도 많이 있다. 마침 가지고 있는 신용카드가 해외 사용 금액에 대해 청구할인을 해준다면 현금을 쓰지 말고 "Can I"를 써서 카드 결제를 요청하자.

무료 강의 및
MP3 바로 듣기

Can I pay with a credit card?
신용카드로 지불할 수 있나요?

🛒 바로 쓰는 여행 단어

얼마 how much 하우 머취

현금 cash 캐쉬

신용카드 credit card 크레딧카드

체크카드 debit card 데빗카드

영수증 receipt 뤼씨트

할부 installment 인스톨먼트

"Can I"로 요청하세요.

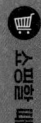 쇼핑할 때

신용카드로 지불할 수 있나요?	**Can I** pay with a credit card? 캔 아이 페이 위드 어 크뤠딧카드?
현금으로 지불할 수 있나요?	**Can I** pay with cash? 캔 아이 페이 위드 캐쉬?
체크카드로 지불할 수 있나요?	**Can I** pay with a debit card? 캔 아이 페이 위드 어 데빗카드?
미국 달러로 지불할 수 있나요?	**Can I** pay with US dollars? 캔 아이 페이 위드 유에쓰 달러쓰?

이런 말도 할 수 있어요.

이것도 살게요.	I'll take this too. 알 테이크 디쓰 투.
다 해서 얼마예요?	How much is the total? 하우 머취 이즈 더 토털?
이 쿠폰 사용할 수 있나요?	Can I use this coupon? 캔 아이 유즈 디쓰 쿠폰?
할부로 지불할 수 있나요?	Can I pay in installments? 캔 아이 페이 인 인스톨먼츠?
영수증 주세요.	Receipt, please. ⟵ 교환·환불 시 영수증이 반드시 필요한 경우가 많으니 버리지 말고 챙겨두세요. 뤼씨트, 플리즈.
돈이 맞지 않아요.	It's not the correct amount. 잇츠 낫 더 코뤡트 어마운트.

하버스톡
여행영어
10분의 기적

❻ 포장 요청할 때

해외에서 쇼핑할 때도 선물을 사는 경우, 선물 포장을 따로 요청할 수 있다. 그런데 선물 포장은 대부분 추가 금액을 지불해야 한다는 것을 알아두자. 추가 금액이 들더라도 지인들에게 이왕 선물하는데 멋있게 포장까지 하고 싶다면 "Can you"를 써서 포장해 달라고 요청하자.

Can you wrap this?
이것 포장해줄 수 있나요?

무료 강의 및
MP3 바로 듣기

🛒 바로 쓰는 여행 단어

포장하다 wrap 랩

선물 포장하다 gift wrap 기프트랩

리본 ribbon 뤼본

뽁뽁이로 포장하다 bubble wrap 버블랩

상자 box 박쓰

따로 separately 쎄퍼랫틀리

"Can you"로 요청하세요.

이것 포장해줄 수 있나요?	**Can you** wrap this? 캔 유 랩 디쓰?
다시 포장해줄 수 있나요?	**Can you** wrap it again? 캔 유 랩 잇 어겐?
박스에 포장해줄 수 있나요?	**Can you** wrap it in a box? 캔 유 랩 잇 인 어 박쓰?
따로 포장해줄 수 있나요?	**Can you** wrap them separately? 캔 유 랩 뎀 쎄퍼랫틀리?

 이런 말도 할 수 있어요.

선물 포장해줄 수 있나요?	Can you gift wrap it? 캔 유 기프트랩 잇?
포장은 무료인가요?	Is the wrapping free? 이즈 더 랩핑 프뤼?
포장은 얼마예요?	How much is it for wrapping? 하우 머취 이즈 잇 포 랩핑?
뽁뽁이로 포장해줄 수 있나요?	Can you bubble wrap it? 캔 유 버블랩 잇?
리본으로 묶어줄 수 있나요?	Can you tie it with a ribbon? 캔 유 타이 잇 위드 어 뤼본?
예쁘게 해주세요.	Please make it look pretty. 플리즈 메이크 잇 룩 프뤼티.

> 깨지기 쉬운 물건은 기포가 들어간 포장지로 포장을 부탁해보세요.

⑦ 제품에 문제가 있을 때

해외에서 쇼핑할 때는 제품에 문제가 없는지 꼭 확인해 보고 문제 없는 것을 달라고 해야 한다. 문제가 있는 제품은 "It's"를 써서 문제가 있다고 적극적으로 점원에게 이야기하자.

무료 강의 및
MP3 바로 듣기

🛒 **바로 쓰는 여행 단어**

작동하지 않다 not working 낫 월킹
편하지 않다 not comfortable 낫 컴포터블
좋지 않다 not good 낫 굿
얼룩이 있는 stained 스테인드
하자가 있는 damaged 대미쥐드
찌그러진 crushed 크러쉬드

It's not working.
이것은 작동하지 않아요.

"It's"로 말해보세요.

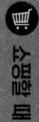

이것은 작동하지 않아요.	**It's** not working. 잇츠 낫 월킹.
이것은 망가졌어요.	**It's** broken. 잇츠 브로큰.
이것은 얼룩이 있어요.	**It's** stained. 잇츠 스테인드.
이것은 하자가 있어요.	**It's** damaged. 잇츠 대미쥐드.

 ## 이런 말도 할 수 있어요.

이것은 너무 꽉 껴요.	It's too tight. 잇츠 투 타이트.
너무 비싸요.	It's too expensive. 잇츠 투 익쓰펜씨브.
여기 스크래치가 있어요.	It has a scratch here. 잇 해즈 어 스크래취 히얼.
품질이 안 좋아요.	The quality is not good. 더 퀄리티 이즈 낫 굿.
스타일이 마음에 안 들어요.	I don't like the style. 아이 돈트 라이크 더 스타일.
색상이 마음에 안 들어요.	I don't like the color. 아이 돈트 라이크 더 컬러.

해커스톡
여행행영어
10판의 기적

8 교환/환불 요청할 때

외국에서 쇼핑할 때는 반드시 영수증을 챙
겨두도록 하자. 교환이나 환불을 할 때 영
수증이 필수니 말이다. 매장에선 분명히 괜
찮은 것 같았는데, 숙소에 돌아와서 보니 뭔
가 마음에 들지 않는다면? 가게로 돌아가
영수증을 내밀며 "Can I"를 써서 교환을 요
청해보자.

무료 강의와
MP3 바로듣기

Can I exchange it?
교환할 수 있나요?

🛒 바로쓰는 여행 단어

교환하다 exchange 익쓰췌인쥐
반품하다 return 뤼턴
환불 refund 뤼펀드
전액 환불 full refund 풀 뤼펀드
찢어진 torn 톤
영수증 receipt 뤼씨트

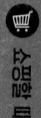

"Can I"로 요청하세요.

교환할 수 있나요?	**Can I** exchange it? 캔 아이 익쓰췌인쥐 잇?
사이즈 바꿀 수 있나요?	**Can I** change the size? 캔 아이 췌인쥐 더 싸이즈?
반품할 수 있나요?	**Can I** return it? 캔 아이 뤼턴 잇?
환불 받을 수 있나요?	**Can I** get a refund? 캔 아이 겟 어 뤼퓐드?

이런 말도 할 수 있어요.

어디에서 반품할 수 있나요?	Where can I return it? 웨얼 캔 아이 뤼턴 잇?
이것은 작동하지 않아요.	It's not working. 잇츠 낫 월킹.
이것은 찢어졌어요.	It's torn. 잇츠 톤.
사용하지 않았어요.	I didn't use it. 아이 디든트 유즈 잇.
어제 샀어요.	I bought it yesterday. 아이 바트 잇 예스터데이.
영수증 잃어버렸어요.	I lost my receipt. 아이 로스트 마이 뤼씨트.

내 회화 실력을 알아보는

해커스톡 1분 레벨테스트

* HackersTalk.co.kr

식당에서

여행지마다 꼭 한번 가봐야하는 맛집이나, 아름다운
경치를 감상하며 식사할 수 있는 핫한 플레이스가
있기 마련이다. 식당 예약부터 계산까지, 이제부터
만날 영어가 당신의 여행을 더 맛있게 한다.

① 예약할 때

유명한 식당들은 보통 예약을 통해서 손님을 받는다. 무작정 찾아갔다가 빈속으로 돌아오는 일이 없도록 미리 예약을 하는 것이 좋다. 식당에 전화를 걸어 "Hello!" 라고 반갑게 인사를 한 후 "I want"를 써서 자리를 예약해보자!

무료 강의 및
MP3 바로 듣기

I want to book a table.
자리 예약하고 싶어요.

🍴 바로 쓰는 여행 단어

자리를 예약하다 book a table 북 어 테이블

예약을 취소하다 cancel my reservation 캔쓸 마이 뤠저붸이션

예약을 변경하다 change my reservation 췌인쥐 마이 뤠저붸이션

2명 자리 a table for two 어 테이블 포 투

대기자 명단 waiting list 웨이팅 리스트

주차장 parking lot 파킹 랏

🍴 "I want"로 말해보세요.

자리 예약하고 싶어요.	**I want** to book a table. 아이 원트 투 북 어 테이블.
2명 자리 예약하고 싶어요.	**I want** to book a table for two. 아이 원트 투 북 어 테이블 포 투.
4명 자리 예약하고 싶어요.	**I want** to book a table for four. 아이 원트 투 북 어 테이블 포 포.
점심 예약하고 싶어요.	**I want** to book a table for lunch. 아이 원트 투 북 어 테이블 포 런취.

🍴 이런 말도 할 수 있어요.

예약 취소하고 싶어요.	I want to cancel my reservation. 아이 원트 투 캔쓸 마이 뤠저붸이션.
예약 변경하고 싶어요.	I want to change my reservation. 아이 원트 투 췌인쥐 마이 뤠저붸이션.
제 이름은 김지수예요.	My name is Jisoo Kim. ── 자신의 이름을 넣어서 말하면 돼요. 마이 네임 이즈 지수 김.
저희 4명이에요.	There are four of us. 데얼 아 포 오브 어쓰.
식당이 어디 있어요?	Where is the restaurant? 웨얼 이즈 더 뤠스터런트?
주차장이 있나요?	Do you have a parking lot? 두 유 해브 어 파킹 랏?

식당에서:

❷ 자리 문의할 때

인터넷이나 여행 책자에 나온 유명한 식당이 아니더라도 지역 주민들에게 인기 있는 맛집이 있기 마련이다. 현지 추천을 통해 알아낸 맛집을 찾아가니 사람이 굉장히 많아 보이지만 어딘가엔 자리가 있겠지? "Do you have"를 써서 자리가 있는지 물어보자.

Do you have a table?
자리 있나요?

무료 강의 및
MP3 바로 듣기

🅗 바로 쓰는 여행 단어

큰 테이블 big table 빅 테이블
실내 inside 인싸이드
밖 outside 아웃싸이드

위층 upstairs 업스테얼쓰
금연 구역 nonsmoking section 넌스모킹 쎅션
아기 의자 high chair 하이췌어

"Do you have"로 물어보세요.

자리 있나요?	**Do you have** a table? 두 유 해브 어 테이블?
4명 자리 있나요?	**Do you have** a table for four? 두 유 해브 어 테이블 포 포?
밖에 자리 있나요?	**Do you have** a table outside? 두 유 해브 어 테이블 아웃싸이드?
실내에 자리 있나요?	**Do you have** a table inside? 두 유 해브 어 테이블 인싸이드?

이런 말도 할 수 있어요.

자리 언제 준비돼요?	When will the table be ready? 웬 윌 더 테이블 비 뤠디?
흡연 구역이 있나요?	Do you have a smoking section? 두 유 해브 어 스모킹 쎅션?
저희 저 자리에 앉을 수 있나요?	Can we sit at that table? 캔 위 씻 앳 댓 테이블?
테이블이 좀 작아요.	The table is a bit small. 더 테이블 이즈 어 빗 스몰.
이 테이블 좀 닦아줄 수 있나요?	Can you wipe down this table? 캔 유 와이프다운 디쓰 테이블?
아기 의자가 필요해요.	I need a <u>high chair</u>. 아이 니드 어 하이췌어.

식당에 있는 높은 아기 의자는 high chair라고 불러요.

해커스톡
여행영어
10분의 기적

식당에서:

❸ 주문할 때

해외의 유명한 맛집에 가면 그 집만의
특별 메뉴를 꼭 주문해보자. 거기에다
그 지역의 맥주도 같이 곁들이면 금상
첨화! 긴장하지 말고 "I want"를 써서
맥주도 주문해보자.

무료 강의 및
MP3 바로 듣기

I want beer.
맥주를 원해요.

 바로 쓰는 여행 단어

점심 특선메뉴	lunch special	런취 스페셜
전채 요리	appetizer	에피타이저
해산물	seafood	씨푸드
스테이크	steak	스테이크
완전히 익힌	well-done	웰던
중간 정도 익힌	medium-well	미디엄 웰

"I want"로 말해보세요.

맥주를 원해요.	**I want** beer. 아이 원트 비어.
스테이크를 원해요.	**I want** steak. 아이 원트 스테이크.
파스타를 원해요.	**I want** pasta. 아이 원트 파스타.
와인을 원해요.	**I want** wine. 아이 원트 와인.

 **이런 말도 할 수 있어요.**

메뉴판 좀 볼 수 있을까요?	Can I see the menu? 캔 아이 씨 더 메뉴?
미디엄 웰던으로 주세요.	Medium-well, please. 미디엄 웰, 플리즈.
너무 맵지 않게 해주세요.	Not too spicy, please. 낫 투 스파이씨, 플리즈.
너무 짜지 않게 해주세요.	Not too salty, please. 낫 투 쏠티, 플리즈.
2개로 나눠서 주세요.	Split it in two, please. 스플릿 잇 인 투, 플리즈.
물 좀 더 주세요.	More water, please. 모어 워터, 플리즈.

'미디엄 웰던'은 영어로 'Medium-well'이라고 말해요.

하나스톡
영어한영어
10분의 기억

식당에서:
④ 못 먹는 음식이 있을 때

평소에 꺼리거나 알레르기 때문에 못 먹는 식재료가 있다면 혹시 주문한 음식에 들어가지는 않는지 직원에게 확인해달라고 하는 것이 좋다. 만약 힘들게 찾아온 맛집에서 꼭 먹어봐야 할 메뉴에 땅콩을 토핑해 주는데 나는 땅콩 알레르기가 있다면 "Can you"를 써서 땅콩을 빼달라고 요청하자.

무료 강의 및
MP3 바로 듣기

Can you take out the peanuts?
땅콩 빼줄 수 있나요?

🍴 바로 쓰는 여행 단어

알레르기가 있는 allergic 얼러직

빼다 take out 테이크아웃

오이 cucumber 큐컴버

땅콩 peanuts 피넛츠

견과류 nuts 넛츠

유제품 dairy 데어뤼

"Can you"로 요청하세요.

땅콩 빼줄 수 있나요?	**Can you** take out the peanuts? 캔 유 테이크아웃 더 피넛츠?
양파 빼줄 수 있나요?	**Can you** take out the onions? 캔 유 테이크아웃 디 어니언쓰?
피클 빼줄 수 있나요?	**Can you** take out the pickles? 캔 유 테이크아웃 더 피클쓰?
새우 빼줄 수 있나요?	**Can you** take out the shrimp? 캔 유 테이크아웃 더 슈림프?

이런 말도 할 수 있어요.

저 이것 못 먹어요.	I can't eat this. 아이 캔트 잇 디쓰.
저 유제품 알레르기 있어요.	I'm allergic to dairy. 아임 얼러직 투 데어뤼.
저 견과류 알레르기 있어요.	I'm allergic to nuts. 아임 얼러직 투 넛츠.
저 새우 알레르기 있어요.	I'm allergic to shrimp. 아임 얼러직 투 슈림프.
그 안에 계란 들어갔나요?	Does it have eggs in it? 더즈 잇 해브 에그쓰 인 잇?
그 안에 무엇이 들어갔나요?	What's in it? 왓츠 인 잇?

> 유제품은 우유, 치즈, 요구르트, 아이스크림 등을 다 포함해요.

해커스톡
영국해영어
10분의 기적

❺ 음식에 문제가 있을 때

스테이크를 익혀주는 정도는 식당마다 조금씩 차이가
있을 수 있다. 미디엄(medium)으로 주문을 했는데 육
회 수준의 스테이크가 나왔다면? "It's"를 사용해서 음
식 상태가 어떤지 말해주자.

무료 강의 및
MP3 바로 듣기

It's undercooked.
이것은 덜 익었어요.

🍴 바로 쓰는 여행 단어

덜 익은 undercooked 언더쿡트

너무 익은 overcooked 오버쿡트

너무 짠 too salty 투 쏠티

차가운 cold 콜드

상했다 went bad 웬트 배드

냄새가 이상하다 smell bad 스멜 배드

"It's"로 말해보세요.

이것은 덜 익었어요.	**It's** undercooked. 잇츠 언더쿡트.
이것은 너무 익었어요.	**It's** overcooked. 잇츠 오버쿡트.
이것은 너무 짜요.	**It's** too salty. 잇츠 투 쏠티.
이것은 탔어요.	**It's** burnt. 잇츠 번트.

이런 말도 할 수 있어요.

제 음식 언제 나오나요?	When will I get my food? 웬 윌 아이 겟 마이 푸드?
저 음료를 못 받았어요.	I didn't get my drink. 아이 디든트 겟 마이 드링크.
이것 상한 맛이 나요.	It tastes off. 잇 테이스츠 오프.
고추 빼달라고 부탁했어요.	I asked for no hot pepper. 아이 애스크드 포 노 핫 페퍼.
이것 좀 데워줄 수 있나요?	Can you heat this up? 캔 유 힛 디쓰 업?
새 것으로 받을 수 있나요?	Can I have a new one? 캔 아이 해브 어 뉴 원?

식당에서:
❻ 식기류 요청할 때

양식당에서 식사 도중 잠시 자리를 비울 때는 아직 치우지 말라는 의미로 포크와 나이프를 팔(八)자 모양으로 접시 위에 둔다는 것을 기억하자. 그러나 혹시 테이블 위에 그냥 둔 포크를 종업원이 치웠다면 "Can you"를 써서 포크를 가져다 달라고 요청하자.

무료 강의 및
MP3 바로 듣기

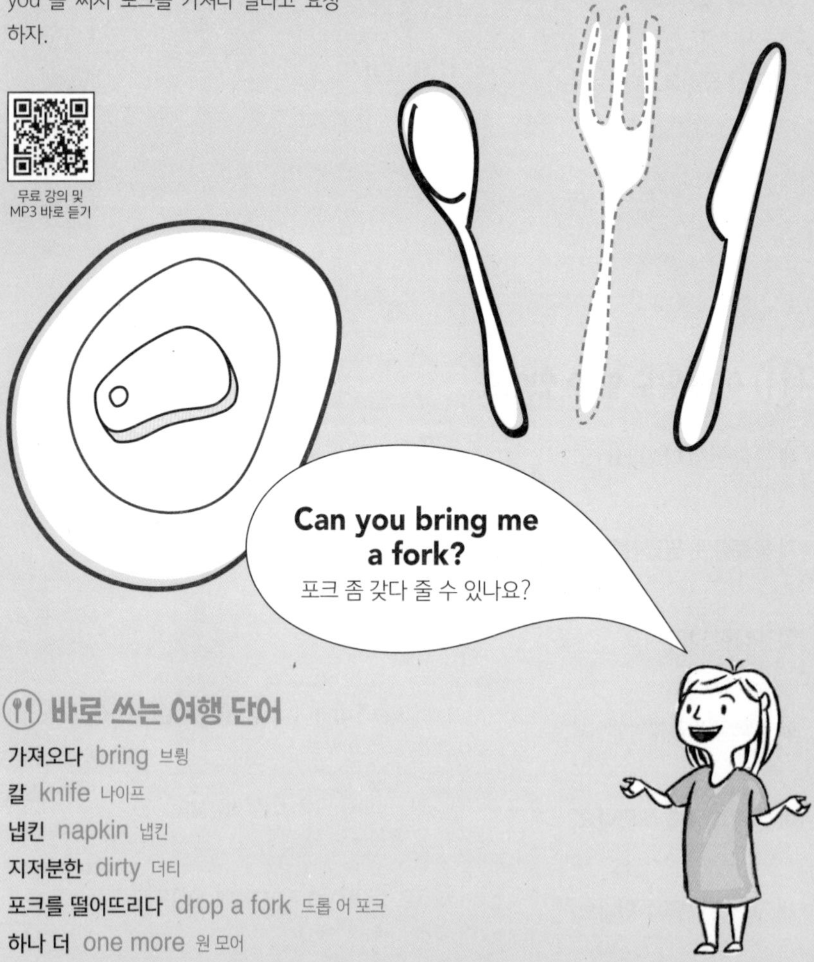

Can you bring me a fork?
포크 좀 갖다 줄 수 있나요?

🍴 바로 쓰는 여행 단어

가져오다 bring 브링
칼 knife 나이프
냅킨 napkin 냅킨
지저분한 dirty 더티
포크를 떨어뜨리다 drop a fork 드롭 어 포크
하나 더 one more 원 모어

"Can you"로 요청하세요.

포크 좀 갖다 줄 수 있나요?	**Can you** bring me a fork? 캔 유 브링 미 어 포크?
나이프 좀 갖다 줄 수 있나요?	**Can you** bring me a knife? 캔 유 브링 미 어 나이프?
숟가락 좀 갖다 줄 수 있나요?	**Can you** bring me a spoon? 캔 유 브링 미 어 스푼?
접시 좀 갖다 줄 수 있나요?	**Can you** bring me a plate? 캔 유 브링 미 어 플레이트?

이런 말도 할 수 있어요.

냅킨 좀 갖다 줄 수 있나요?	Can you bring me some napkins? 캔 유 브링 미 썸 냅킨쓰?
젓가락 있나요?	Do you have chopsticks? 두 유 해브 챱스틱쓰?
접시 하나 더 받을 수 있나요?	Can I get one more plate? 캔 아이 겟 원 모어 플레이트?
이 포크 지저분해요.	This fork is dirty. 디쓰 포크 이즈 더티.
이 나이프 잘 들지 않아요.	This knife won't cut. 디쓰 나이프 웡트 컷.
포크 떨어뜨렸어요.	I dropped my fork. 아이 드롭트 마이 포크.

하나스톡
여행영어
1○문의 기억

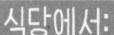

식당에서:
❼ 기타 서비스 요청할 때

외국의 식당은 물도 돈을 받고 파는 경우가 허다하다.
그러니 목이 탄다고 물을 달라고 했다가 계산할 때 생
각보다 높은 금액에 당황하게 될 수도 있다. 그래도 다
행히 에어컨은 공짜로 틀어주니까 덥다면 "Can you"
를 사용해서 에어컨을 켜달라고 요청하자.

무료 강의 및
MP3 바로 듣기

Can you turn on the AC?
에어컨 좀 켜줄 수 있나요?

🍴 바로 쓰는 여행 단어

포장하다 wrap up 랩 업
리필하다 refill 뤼필
닦다 wipe down 와이프다운
테이크아웃 to go 투고
히터 heater 히터
에어컨 AC 에이씨

"Can you"로 요청하세요.

에어컨 좀 켜줄 수 있나요?	**Can you** turn on the AC? 캔 유 턴온 디 에이씨?
히터 좀 꺼줄 수 있나요?	**Can you** turn off the heater? 캔 유 턴오프 더 히터?
이것 좀 포장해줄 수 있나요?	**Can you** wrap this up? 캔 유 랩 디쓰 업?
이것 리필해줄 수 있나요?	**Can you** refill this? 캔 유 뤼필 디쓰?

> 음료나 사이드 디쉬 등이 리필 되는지 이렇게 물어보세요.

이런 말도 할 수 있어요.

에어컨 좀 꺼줄 수 있나요?	Can you turn off the AC? 캔 유 턴오프 디 에이씨?
아기 의자 좀 갖다 줄 수 있나요?	Can you bring a high chair? 캔 유 브륑 어 하이췌어?
테이크아웃해 갈 수 있나요?	Can I get this to go? 캔 아이 겟 디쓰 투 고?
얼마나 더 기다려야 하나요?	How much longer is the wait? 하우 머취 롱거 이즈 더 웨이트?
여기 좀 답답해요.	It's stuffy in here. 잇츠 스터퓌 인 히얼.
바닥 좀 닦아줄 수 있나요?	Can you wipe down the floor? 캔 유 와이프다운 더 플로어?

식당에서:

⑧ 계산할 때

식당에서 식사한 후 바로 그 자리에서 계산까지 마치는 것이 일반적인 나라들도 있다. 식사를 마치고 나면 앉은 자리에서 편하게 계산까지 마칠 수 있으니 "Can I"를 써서 자리에서 지불할 수 있는지 요청해보자.

무료 강의 및
MP3 바로듣기

Can I pay at the table?
자리에서 지불할 수 있나요?

🈁 바로 쓰는

지불하다 pay 페이
현금 cash 캐쉬
신용카드 credit card 크레딧카드

계산서 bill 빌
따로 계산 separate bills 쎄퍼래이트 빌쓰
영수증 receipt 뤼씨트

🍴 "Can I"로 요청하세요.

자리에서 지불할 수 있나요?
Can I pay at the table?
캔 아이 페이 앳 더 테이블?

지금 지불할 수 있나요?
Can I pay now?
캔 아이 페이 나우?

신용카드로 지불할 수 있나요?
Can I pay with a credit card?
캔 아이 페이 위드 어 크레딧카드?

현금으로 지불할 수 있나요?
Can I pay with cash?
캔 아이 페이 위드 캐쉬?

🍴 이런 말도 할 수 있어요.

계산서 주세요.
Bill, please
빌, 플리즈.

각자 따로 계산해주세요.
Separate bills, please.
쎄퍼래이트 빌쓰, 플리즈.

팁이 포함되어 있나요?
Is the tip included?
이즈 더 팁 인클루디드?

이것은 무슨 금액이에요?
What is this for?
왓 이즈 디쓰 포?

계산서가 맞지 않아요.
Something is wrong with the bill.
썸띵 이즈 룅 위드 더 빌.

영수증 좀 받을 수 있나요?
Can I get a receipt?
캔 아이 겟 어 뤼씨트?

해커스톡
여행영어
10분의 기적

기초회화부터 여행영어까지
해커스톡 무료강의
*HackersTalk.co.kr

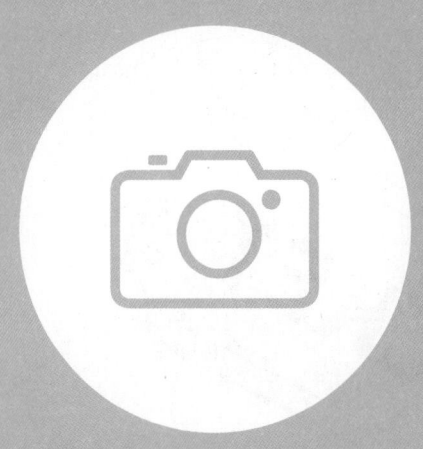

관광할 때

감동적인 현지 공연과 광활한 자연을 직접 경험하는 일일 투어 등은 여행지에서만 누릴 수 있는 특별한 경험이다. 이러한 관광을 제대로 즐길 수 있게 도와줄 영어를 지금부터 만나보자.

관광할 때:

① 관람표 구매할 때

유적지나 박물관 구경도 좋지만, 현지에서만 볼 수 있는 공연이나 경기를 관람하는 것도 해외여행의 묘미이다. 인기 있는 공연이나 경기는 매진되기 쉬우니 미리 표를 구매하는 것이 좋다. 매표소에서 "Please"를 써서 표를 달라고 하자.

Three tickets, please.
표 3장 주세요.

📷 바로 쓰는 여행 단어

공연 show 쑈
표 ticket 티켓
입장료 admission fee 어드미�션 퓌
다음 공연 next show 넥쓰트 쑈
오늘 밤 공연 tonight's show 투나잇츠 쑈
매진된 sold out 쏠드아웃

무료 강의 및
MP3 바로 듣기

📷 "Please"로 요청하세요.

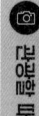

표 3장 주세요.	Three tickets, **please**. 쓰리 티켓츠, 플리즈.
어른 표 2장 주세요.	Two tickets for adults, **please**. 투 티켓츠 포 어덜츠, 플리즈.
어른 2장, 어린이 1장 주세요.	Two adults and one child, **please**. 투 어덜츠 앤 원 촤일드, 플리즈.
오늘 밤 공연 표 2장 주세요.	Two tickets for tonight's show, **please**. 투 티켓츠 포 투나잇츠 쑈, 플리즈.

📷 이런 말도 할 수 있어요.

표 얼마예요?	How much is the ticket? 하우 머취 이즈 더 티켓?
입장료 얼마예요?	What is the admission fee? 왓 이즈 디 어드미쎤 퓌?
가장 인기 있는 공연이 뭐예요?	What is the most popular show? 왓 이즈 더 모스트 파퓰러 쑈?
공연 언제 시작해요?	When does the show start? 웬 더즈 더 쑈 스타트?
앞쪽 좌석 받을 수 있나요?	Can I get front row seats? 캔 아이 겟 프뤈트 로우 씻츠?
매진되었어요?	Is it sold out? 이즈 잇 쏠드아웃?

해커스톡
여행영어
10분의 기적

❷ 투어/관람 예약할 때

시내 투어 버스는 버스를 타고 돌아다니면서 주요 관광 명소들을 둘러볼 수 있는 편리한 서비스이다. 온라인에서 미리 예약을 하거나, 공항에 있는 여행사나 호텔에서 예약 서비스를 제공하는 경우도 있으니 도착 후 확인해도 좋다. "I want"를 써서 내가 원하는 투어를 예약하고 싶다고 말해 보자.

무료 강의 및
MP3 바로 듣기

**I want to book a
city tour.**
시내 투어 예약하고 싶어요.

🔊 바로 쓰는 여행 단어

투어를 예약하다	book a tour	북 어 투어
시내 투어	city tour	씨티 투어
박물관 투어	museum tour	뮤지엄 투어
가이드 투어	guided tour	가이디드 투어
픽업 서비스	pick-up service	픽업 써비스
식사 포함된	meal included	밀 인클루디드

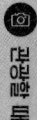
📷 "I want"로 말해보세요.

시내 투어 예약하고 싶어요.	**I want** to book a city tour. 아이 원트 투 북 어 씨티 투어.
박물관 투어 예약하고 싶어요.	**I want** to book a museum tour. 아이 원트 투 북 어 뮤지엄 투어.
버스 투어 예약하고 싶어요.	**I want** to book a bus tour. 아이 원트 투 북 어 버쓰 투어.
가이드 투어 예약하고 싶어요.	**I want** to book a guided tour. 아이 원트 투 북 어 가이디드 투어.

📷 이런 말도 할 수 있어요.

이 투어 얼마예요?	How much is this tour? 하우 머취 이즈 디쓰 투어?
투어는 몇 시에 시작해요?	What time does the tour start? 왓 타임 더즈 더 투어 스타트?
투어는 몇 시에 끝나요?	What time does the tour end? 왓 타임 더즈 더 투어 엔드?
투어에 무엇이 포함되어 있나요?	What is included in the tour? 왓 이즈 인클루디드 인 더 투어?
식사 포함되어 있나요?	Is a meal included? 이즈 어 밀 인클루디드?	투어에 식사나 픽업 서비스가 포함되어 있는지 확인해보세요.
호텔에서 저 픽업해 줄 수 있나요?	Can you pick me up at the hotel? 캔 유 픽 미 업 앳 더 호텔?

관광할 때:

❸ 취소/환불/변경 요청할 때

예약한 티켓은 취소나 일정 변경을 하기 위해 수수료를 내야 할 수 있다. 그러니 가능한 한 일정을 변경하지 말고, 예약 시 변경이나 환불 조건을 미리 확인하자. 그런데 야외 경기나 투어 당일 날씨가 안 좋거나, 컨디션이 별로라면 무리한 일정을 강행하기보다는 "Can I"를 써서 투어 취소를 요청해보자.

무료 강의 및
MP3 바로 듣기

Can I cancel the tour?
투어 취소할 수 있나요?

🔊 바로 쓰는 여행 단어

취소하다	cancel	캔쓸
바꾸다	change	췌인쥐
다음 공연	next show	넥쓰트 쑈
전액 환불	full refund	풀 뤼풘드
추가 요금	extra charge	엑쓰트라 촤쥐
취소 수수료	cancellation fee	캔쓸레이션 퓌

📷 "Can I"로 요청하세요.

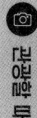

투어 취소할 수 있나요?	**Can I** cancel the tour? 캔 아이 캔쓸 더 투어?
표 1장만 취소할 수 있나요?	**Can I** cancel one ticket only? 캔 아이 캔쓸 원 티켓 온리?
다음 것으로 바꿀 수 있나요?	**Can I** change it to the next one? 캔 아이 췌인쥐 잇 투 더 넥쓰트 원?
전액 환불 받을 수 있나요?	**Can I** get a full refund? 캔 아이 겟 어 풀 뤼펀드?

📷 이런 말도 할 수 있어요.

추가 요금 있나요?	Is there any extra charge? 이즈 데얼 애니 엑쓰트라 촤쥐?
취소 수수료 있나요?	Is there a cancellation fee? 이즈 데얼 어 캔쓸레이션 퓌?
다음 공연 몇 시예요?	What time is the next show? 왓 타임 이즈 더 넥쓰트 쑈?
어제 예약했어요.	I booked it yesterday. 아이 북트 잇 예스터데이.
온라인으로 예약했어요.	I booked it online. 아이 북트 잇 온라인.
여기 제 영수증이요.	Here is my receipt. 히얼 이즈 마이 뤼씨트.

> 취소/환불/변경 시 수수료가 발생할 수 있어요.

해외스톡 여행영어 10분안 기억

관광할 때:
❹ 물건 대여할 때

한국 사람들이 많이 방문하는 박물관이나 미술관 등에서는 한국어로 된 오디오 가이드를 제공하는 경우도 있으니 안내 데스크에 가서 확인해보자. 만약 한국어 오디오 가이드가 있다면 "Can I"를 써서 대여를 요청해보자.

무료 강의 및
MP3 바로 듣기

Can I rent an audio guide?
오디오 가이드 대여할 수 있나요?

📷 **바로 쓰는 여행 단어**

대여하다	rent	뤤트
반납하다	return	뤼턴
대여료	rental fee	뤤탈 퓌
보증금	deposit	디파짓
시간당	per hour	퍼 아우어
무료	free	프뤼

"Can I"로 요청하세요.

오디오 가이드 대여할 수 있나요?	**Can I** rent an audio guide? 캔 아이 뤤트 언 오디오 가이드?
자전거 대여할 수 있나요?	**Can I** rent a bike? 캔 아이 뤤트 어 바이크?
유모차 대여할 수 있나요?	**Can I** rent a stroller? 캔 아이 뤤트 어 스트롤러?
스노클링 장비 대여할 수 있나요?	**Can I** rent a snorkel? 캔 아이 뤤트 어 스노클?

> snorkel(스노클)은 잠수 중 입으로 숨을 쉬는 데 쓰는 물놀이용품이에요.

📷 사용·대여

 이런 말도 할 수 있어요.

대여료 얼마예요?	How much is the rental fee? 하우 머취 이즈 더 뤤탈 퓌?
시간당 얼마예요?	How much is it per hour? 하우 머취 이즈 잇 퍼 아우어?
보증금 있나요?	Is there a deposit? 이즈 데얼 어 디파짓?
이것은 사용하는 데 무료인가요?	Is it free to use? 이즈 잇 프뤼 투 유즈?
언제 반납해야 하나요?	When should I return it? 웬 슈드 아이 뤼턴 잇?
이것은 작동하지 않아요.	It's not working. 잇츠 낫 월킹.

해시브룩
여행영어
10분의 기적

관광할 때:

❺ 다른 관람객에게 부탁할 때

외국인들도 모두 영어를 잘 하는 것은 아니니 다른 사람에게 영
어로 말할 때는 천천히 말하는 것이 좋다. 일행과 함께 앉기 위해
서 다른 관람객에게 자리를 바꿔달라고 부탁할 일이 있을 때에
도 "Can you"를 써서 또박또박 그리고 예의 바르게 요청해보자.

Can you change seats with me?
저와 자리 좀 바꿔 줄 수 있나요?

무료 강의 및
MP3 바로 듣기

📷 바로 쓰는 여행 단어

자리를 바꾸다 change seats 췌인쥐 씻츠
조용히 하다 keep down 킵 다운
지나가다 get by 겟바이
친구와 함께 앉다 sit with my friend 씻 위드 마이 프랜드
옆 좌석 next seat 넥쓰트 씻
사진 picture 픽쳐

"Can you"로 요청하세요.

저와 자리 좀 바꿔줄 수 있나요?	**Can you** change seats with me? 캔 유 췌인쥐 씻츠 위드 미?
제 자리 좀 맡아줄 수 있나요?	**Can you** hold my spot? 캔 유 홀드 마이 스팟?
가방 좀 치워줄 수 있나요?	**Can you** move your bag? 캔 유 무브 유어 백?
조용히 해줄 수 있나요?	**Can you** keep it down? 캔 유 킵 잇 다운?

 이런 말도 할 수 있어요.

자리에 좀 앉아주실 수 있나요?	Can you sit down? 캔 유 씻 다운?
제가 친구와 함께 앉을 수 있나요?	Can I sit with my friend? 캔 아이 씻 위드 마이 프렌드?
이것은 무슨 줄이에요?	What is this line for? 왓 이즈 디쓰 라인 포?
당신이 제 시야를 가리고 있어요.	You are blocking my sight. 유 아 블락킹 마이 싸이트.
제 자리 번호는 7C예요.	My seat number is 7C. 마이 씻 넘버 이즈 쎄븐 씨.
제가 좀 지나갈 수 있나요?	Can I get by? 캔 아이 겟바이?

❻ 관광 안내소 방문했을 때

보통 공항, 기차역, 시내 중심가 같은 곳에 관광 안내소(information center)가 있어 다양한 정보와 서비스를 제공하고 있으니 한 번쯤 들러보는 것이 좋다. 주요 관광지가 표시된 관광 지도를 제공받을 수도 있으니 "Do you have"를 써서 지도가 있는지 물어보자.

무료 강의 및
MP3 바로 듣기

**Do you have
a city map?**
시내 지도 있나요?

📷 **바로 쓰는 여행 단어**

시내 지도 city map 씨티 맵
관광 안내 책자 tourist brochure 투어리스트 브로셔
관광 정보 tour information 투어 인포메이션
관광 상품 package tours 패키쥐 투어쓰
한국인 가이드 Korean guide 코뤼언 가이드
셔틀버스 시간표 shuttle schedule 셔틀 스케줄

"Do you have"로 물어보세요.

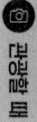

시내 지도 있나요?	**Do you have** a city map? 두 유 해브 어 씨티 맵?
관광 안내 책자 있나요?	**Do you have** tourist brochures? 두 유 해브 투어뤼스트 브로셔쓰?
한국어 안내 책자 있나요?	**Do you have** brochures in Korean? 두 유 해브 브로셔쓰 인 코뤼언?
한국인 가이드 있나요?	**Do you have** a Korean guide? 두 유 해브 어 코뤼언 가이드?

이런 말도 할 수 있어요.

관광 정보 좀 얻을 수 있나요?	Can I get some tour information? 캔 아이 겟 썸 투어 인포메이션?
그곳에 어떻게 가나요?	How do I get there? 하우 두 아이 겟 데얼?
시티 투어 버스 있나요?	Is there any city tour bus? 이즈 데얼 애니 씨티투어 버쓰?
여기서 예약할 수 있나요?	Can I make a reservation here? 캔 아이 메이크 어 뤠저붸이션 히얼?
어떤 관광 상품이 있나요?	What package tours do you have? 왓 패키쥐 투어쓰 두 유 해브?
얼마예요?	How much is it? 하우 머취 이즈 잇?

해커스록
영국탱영어
10분의 기적

관광할 때:

❼ 사진 촬영하고 싶을 때

유명 관광지에는 먼저 다가와 사진을 찍어주겠다던가 함께 사진을 찍자고 한 뒤 돈을 요구하는 사람들도 있으니 주의하자. 만약 그냥 지나칠 수 없는 멋진 풍경에서 사진을 남기고 싶다면, 되도록 다른 관광객들에게 부탁하는 것이 좋다. "Can you"를 써서 사진을 찍어달라고 요청해보자.

Can you take a picture?
사진 좀 찍어줄 수 있나요?

📷 바로 쓰는 여행 단어

사진을 찍다 take a picture 테이크 어 픽쳐
한 장 더 one more shot 원 모어 샷
배경 background 백그라운드
플래시 flash 플래쉬
더 가까이서 closer 클로써
저기서 over there 오버 데얼

무료 강의 및
MP3 바로 듣기

📷 "Can you"로 요청하세요.

사진 좀 찍어줄 수 있나요?	**Can you** take a picture? 캔 유 테이크 어 픽쳐?
저희 사진 좀 찍어줄 수 있나요?	**Can you** take a picture of us? 캔 유 테이크 어 픽쳐 오브 어쓰?
더 가까이서 찍어줄 수 있나요?	**Can you** take it closer to me? 캔 유 테이크 잇 클로써 투 미?
저기서 찍어줄 수 있나요?	**Can you** take it over there? 캔 유 테이크 잇 오버 데얼?

📷 이런 말도 할 수 있어요.

여기서 사진 찍을 수 있나요?	Can I take a picture here? 캔 아이 테이크 어 픽쳐 히얼?
플래시 사용할 수 있나요?	Can I use the flash? 캔 아이 유즈 더 플래쉬?
당신과 함께 사진을 찍을 수 있나요?	Can I take a picture with you? 캔 아이 테이크 어 픽쳐 위드 유?
이 버튼 누르세요.	Press this button. 프레쓰 디쓰 버튼.
사진 흔들렸어요.	The picture is blurry. 더 픽쳐 이즈 블러뤼.
정말 마음에 들어요.	I really like it. 아이 뤼얼리 라이크 잇. 〔사진을 찍어 준 사람에게 이렇게 감사를 표현해보세요.〕

관광할 때:

❽ 시설 위치 문의할 때

관광 명소에는 보통 입구에 시설 안내도가 있으
니 입장 전에 휴대폰으로 안내도의 사진을 찍어
두면 편리하게 이용할 수 있다. 그런데 화장실이
너무 급한 나머지 사진을 봐도 위치를 잘 모르겠
다면? "Where is"를 써서 화장실이 어디 있는지
물어보자.

Where is the restroom?
화장실 어디 있어요?

무료 강의 및
MP3 바로 듣기

📷 바로 쓰는 여행 단어

화장실 restroom 뤠스트룸

안내소 information center 인포메이션 쎈터

분실물 보관소 lost-and-found 로스트앤파운드

기념품 가게 gift shop 기프트샵

매표소 ticket office 티켓 오퓌쓰

물품 대여소 rental shop 뤤탈샵

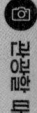

📷 "Where is"로 물어보세요.

화장실 어디 있어요?	**Where is** the restroom? 웨얼 이즈 더 뤠스트룸?
안내소 어디 있어요?	**Where is** the information center? 웨얼 이즈 디 인포메이션 쎈터?
기념품 가게 어디 있어요?	**Where is** the gift shop? 웨얼 이즈 더 기프트샵?
매표소 어디 있어요?	**Where is** the ticket office? 웨얼 이즈 더 티켓 오퓌쓰?

📷 이런 말도 할 수 있어요.

제 가방 보관할 곳 있나요?	Is there anywhere to store my bag? 이즈 데얼 애니웨얼 투 스토어 마이 백?
물품 대여소 어디 있어요?	Where is the rental shop? 웨얼 이즈 더 뤤탈샵?
입구 어디 있어요?	Where is the entrance? 웨얼 이즈 디 엔터뤈쓰?
출구 어디 있어요?	Where is the exit? 웨얼 이즈 디 엑씻?
편의점 어디 있어요?	Where is a convenience store? 웨얼 이즈 어 컨뷔니언쓰 스토어?
식수대 있나요?	Is there a water fountain? 이즈 데얼 어 워터 퐈운틴?

해외속
여행영어
10분이기적

내 회화 실력을 알아보는
해커스톡 1분 레벨테스트
* HackersTalk.co.kr

여행영어 10분의 기적 팟캐스트

웃음도 빵
영어도 빵
터지는 팟캐스트

★ 아이튠즈, 팟빵에서 지금
'해커스톡'을 검색하세요.

거리에서

멋진 풍경의 외국 도시 한복판에서 왼쪽? 오른쪽?
어디로 가야 할지 헤맬 때가 있기 마련이다. 가끔은
처음 보는 외국인이 반갑게 인사를 건네기도 한다.
외국의 거리에서도 당당해질 수 있는 영어, 여기 다
마련되어 있다.

거리에서:
1 길 문의할 때

요즘은 스마트폰의 지도 어플을 사용하면 내 위치에서 목적지까지 길 안내를 받을 수 있어 유용하다. 그러나 아무리 봐도 길은 잘 모르겠고, 게다가 데이터마저 없다면? "How do I"를 써서 가는 길을 물어보자.

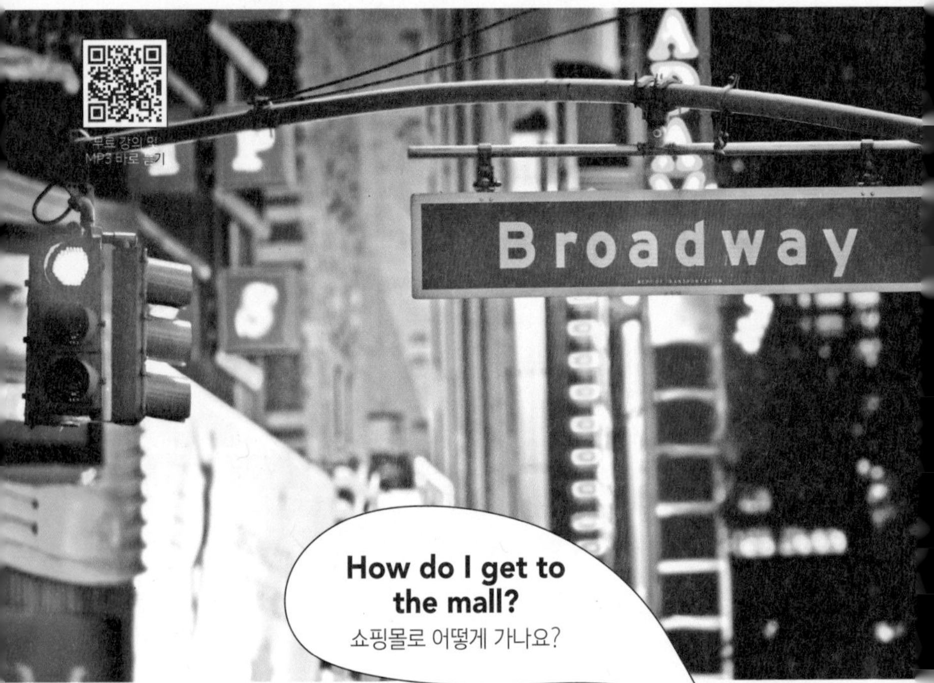
무료 강의 및
MP3 바로 듣기
Broadway
How do I get to the mall?
쇼핑몰로 어떻게 가나요?

바로 쓰는 여행 단어

이 주소 **this address** 디쓰 애드뤠쓰
이 건물 **this building** 디쓰 빌딩
길을 잃은 **lost** 로스트
먼 **far** 퐈
가까운 **close** 클로쓰
걸어갈 만한 거리 **walking distance** 워킹 디스턴쓰

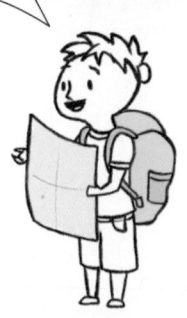

"How do I"로 물어보세요.

쇼핑몰로 어떻게 가나요?	**How do I** get to the mall? 하우 두 아이 겟 투 더 몰?
시장으로 어떻게 가나요?	**How do I** get to the market? 하우 두 아이 겟 투 더 마켓?
이 주소로 어떻게 가나요?	**How do I** get to this address? 하우 두 아이 겟 투 디쓰 애드뤠쓰?
이 건물로 어떻게 가나요?	**How do I** get to this building? 하우 두 아이 겟 투 디쓰 빌딩?

 이런 말도 할 수 있어요.

길을 잃었어요.	I'm lost. 아임 로스트.
이 건물을 찾고 있어요.	I'm looking for this building. 아임 룩킹 포 디쓰 빌딩.
멀어요?	Is it far? 이즈 잇 퐈?
가까워요?	Is it close? 이즈 잇 클로쓰?
얼마나 걸리나요?	How long does it take? 하우 롱 더즈 잇 테이크?
제 지도에 표시해 줄 수 있나요?	Can you mark it on my map? 캔 유 마크 잇 온 마이 맵?

거리에서:

❷ 대중교통 이용해야 할 때

대부분의 역에는 노선도와 시간표가 안내되어 있기 때문에 차근차근 확인해보면 생각보다 쉽게 대중교통을 이용할 수 있다. 다만 버스를 타려는데, 버스 정류장이 어디 있는지 전혀 모르겠다면 "Where is"를 써서 버스 정류장의 위치를 물어보자.

무료 강의 및
MP3 바로 듣기

> **Where is the bus stop?**
> 버스 정류장 어디 있어요?

바로 쓰는 여행단어

버스 정류장 bus stop 버쓰 스탑	버스 노선 bus route 버쓰 루트
기차역 train station 트레인 스테이션	시내로 downtown 다운타운
택시 승차장 taxi stand 택시 스탠드	내리다 get off 겟오프

"Where is"로 물어보세요.

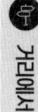

버스 정류장 어디 있어요?	**Where is** the bus stop? 웨얼 이즈 더 버쓰 스탑?
기차역 어디 있어요?	**Where is** the train station? 웨얼 이즈 더 트뤠인 스테이션?
택시 승차장 어디 있어요?	**Where is** the taxi stand? 웨얼 이즈 더 택시 스탠드?
트램 정류장 어디 있어요?	**Where is** the tram stop? 웨얼 이즈 더 트뤱 스탑?

이런 말도 할 수 있어요.

무엇을 타야 하나요?	What should I take? 왓 슈드 아이 테이크?
가장 가까운 역 어디 있어요?	Where is the nearest station? 웨얼 이즈 더 니어뤼스트 스테이션?
요금 얼마예요?	How much is the fare? 하우 머취 이즈 더 풰어?
그 버스 자주 오나요?	Does the bus come often? 더즈 더 버쓰 컴 오픈?
어디에서 내려야 하나요?	Where should I get off? 웨얼 슈드 아이 겟오프?
환승해야 하나요?	Do I have to transfér? 두 아이 해브 투 트뤤스풔?

하버드록
영어영어
10분만기억

139

거리에서:
❸ 근처 시설 위치 문의할 때

현금인출기(ATM)나 작은 편의점 등은 지도에 없을 수도
있으니, 근처 호텔 프런트나 현지인에게 물어보는 것이 더
정확할 수 있다. 급하게 현금이 필요하다면 "Where is"를
써서 현금인출기의 위치를 물어보자.

무료 강의 및
MP3 바로 듣기

Where is an ATM?
현금인출기 어디 있어요?

현금인출기 ATM 에이티엠		**약국 pharmacy** 파마씨	
공중 화장실 public restroom 퍼블릭 뤠스트룸		**은행 bank** 뱅크	
편의점 convenience store 컨뷔니언쓰 스토어		**환전 money exchange** 머니 익쓰췌인쥐	

"Where is"로 물어보세요.

현금인출기 어디 있어요?	**Where is** an ATM? 웨얼 이즈 언 에이티엠?
공중 화장실 어디 있어요?	**Where is** a <u>public restroom</u>? 웨얼 이즈 어 퍼블릭 뤠스트룸?
편의점 어디 있어요?	**Where is** a convenience store? 웨얼 이즈 어 컨뷔니언쓰 스토어?
약국 어디 있어요?	**Where is** a pharmacy? 웨얼 이즈 어 파마씨?

> 공중 화장실이 유료인 나라도 있으니, 잔돈을 준비해 두는 것이 좋아요.

 이런 말도 할 수 있어요.

길 좀 알려줄 수 있나요?	Can you show me the way? 캔 유 쇼 미 더 웨이?
가장 가까운 은행 어디 있어요?	Where is the nearest bank? 웨얼 이즈 더 니어뤼스트 뱅크?
어디에서 환전할 수 있나요?	Where can I exchange money? 웨얼 캔 아이 익쓰췌인쥐 머니?
얼마나 걸리나요?	How long does it take? 하우 롱 더즈 잇 테이크?
걸어갈 만한 거리에요?	Is it within walking distance? 이즈 잇 위딘 워킹 디스턴쓰?
24시간 영업해요?	Is it open 24 hours? 이즈 잇 오픈 트웬티포 아우어쓰?

해커스톡
여행영어
10분의 기적

❹ 인터넷/전화 필요할 때

외국에서는 호텔이나 카페에서도 일정 금액을 지불해야만 와이파이 사용이 가능한 경우가 많고, 공공장소에 와이파이가 없는 곳도 많다. 그러니 한국에서 미리 와이파이 기기를 대여하는 것이 좋다. 하지만 준비하지 못했는데 길을 걷다가 급하게 인터넷 사용이 필요한 순간이 온다면 "Where can I"를 써서 와이파이 접속이 가능한 곳이 어디인지 물어보자.

무료 강의 및
MP3 바로 듣기

Where can I use Wi-Fi?
어디에서 와이파이를 쓸 수 있나요?

🔊 바로 쓰는 여행 단어

전화기	phone	폰
공중전화	public phone	퍼블릭 폰
유심카드	SIM card	씸 카드
국제전화	international call	인터내셔널 콜
전화기를 빌리다	borrow a phone	바로우 어 폰
전화기를 충전하다	charge a phone	촤지 어 폰

"Where can I"로 물어보세요.

어디에서 와이파이를 쓸 수 있나요?	**Where can I** use Wi-Fi? 웨얼 캔 아이 유즈 와이파이?
어디에서 전화기를 충전할 수 있나요?	**Where can I** charge my phone? 웨얼 캔 아이 촤쥐 마이 폰?
어디에서 공중전화를 쓸 수 있나요?	**Where can I** use a public phone? 웨얼 캔 아이 유즈 어 퍼블릭폰?
어디에서 컴퓨터를 쓸 수 있나요?	**Where can I** use a computer? 웨얼 캔 아이 유즈 어 컴퓨터?

 이런 말도 할 수 있어요.

와이파이에 접속할 수 있나요?	Can I get Wi-Fi access? 캔 아이 겟 와이파이 액쎄쓰?
그것 돈 지불해야 해요?	Do I have to pay for that? 두 아이 해브 투 페이 포 댓?
유심카드 어디서 살 수 있나요?	Where can I buy a <u>SIM card</u>? 웨얼 캔 아이 바이 어 씸 카드?
전화기 좀 빌릴 수 있나요?	Can I borrow your phone? 캔 아이 바로우 유어 폰?
제 가이드에게 전화해야 해요.	I need to call my tour guide. 아이 니드 투 콜 마이 투어 가이드.
어디에서 팩스를 쓸 수 있나요?	Where can I use a fax machine? 웨얼 캔 아이 유즈 어 퓍쓰머쉰?

> 현지에서 유심카드를 구입해서 스마트폰에 끼우면 로밍하지 않고도 전화나 데이터를 사용할 수 있어요.

해커스톡
여행영어
10분의 기적

거리에서:
❺ 사진 촬영하고 싶을 때

유명 관광지에는 조각상처럼 분장한 행위 예술가들을 심심찮게 볼 수 있는데, 이들의 사진을 찍으면 소정의 금액을 줘야 한다는 점을 알아두자. 돈을 내더라도 살아있는 조각상의 멋진 사진을 찍고 싶다면 "Can I"를 써서 사진 촬영을 요청해보자.

무료 강의 및
MP3 바로 듣기

Can I take a picture?
사진을 찍을 수 있나요?

🔊 바로 쓰는 여행 단어

사진을 찍다 take a picture 테이크 어 픽쳐
더 가까이서 closer 클로써
멀리서 at a distance 앳 어 디스턴쓰
다른 방향으로 the other way 디 아더 웨이
세로 사진 portrait 포트레이트
가로 사진 landscape 랜드스케이프

(축) "Can I"로 요청하세요.

사진을 찍을 수 있나요?
Can I take a picture?
캔 아이 테이크 어 픽쳐?

당신 사진 찍을 수 있나요?
Can I take a picture of you?
캔 아이 테이크 어 픽쳐 오브 유?

당신과 함께 사진을 찍을 수 있나요?
Can I take a picture with you?
캔 아이 테이크 어 픽쳐 위드 유?

여기서 사진 찍을 수 있나요?
Can I take a picture here?
캔 아이 테이크 어 픽쳐 히얼?

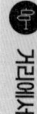

거리에서

(축) 이런 말도 할 수 있어요.

저희 사진 좀 찍어줄 수 있나요?
Can you take a picture of us?
캔 유 테이크 어 픽쳐 오브 어쓰?

더 가까이서 찍어줄 수 있나요?
Can you take it closer to me?
캔 유 테이크 잇 클로써 투 미?

멀리서 찍어줄 수 있나요?
Can you take it at a distance?
캔 유 테이크 잇 앳 어 디스턴쓰?

저기서 찍어줄 수 있나요?
Can you take it over there?
캔 유 테이크 잇 오버 데얼?

사진을 이렇게 찍어줄 수 있나요?
Can you take a picture like this?
캔 유 테이크 어 픽쳐 라이크 디쓰?

이 버튼 누르세요.
Press this button.
프뤠쓰 디쓰 버튼.

> 원하는 구도로 찍은 사진을
> 보여주면서 이렇게 부탁할
> 수 있어요.

해커스톡
여행영어
10분의 기적

거리에서:

❻ 다른 행인에게 부탁할 때

외국에서 행인에게 말을 걸 때는 "Excuse me"로 말을 시작하면 된다. 우리말로는 "실례합니다" 정도의 예의 바른 표현이다. 길을 걷다 다른 행인에게 부탁할 일이 있을 때는 "Excuse me"라고 말을 건넨 후에, "Can you"를 써서 도움을 요청해보자.

무료 강의 및
MP3 바로 듣기

Can you help me?
저 좀 도와줄 수 있나요?

도와주다 help 헬프
옮기다 carry 캐뤼
잡다 hold 홀드
설명하다 explain 익쓰플래인
지나가다 get by 겟바이
추천하다 recommend 뤠커멘드

🚩 "Can you"로 요청하세요.

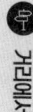

저 좀 도와줄 수 있나요?	**Can you** help me? 캔 유 헬프 미?
문 좀 잡아줄 수 있나요?	**Can you** hold the door? 캔 유 홀드 더 도어?
길 좀 알려줄 수 있나요?	**Can you** show me the way? 캔 유 쇼 미 더 웨이?
이것 좀 설명해줄 수 있나요?	**Can you** explain this? 캔 유 익쓰플래인 디쓰?

이런 말도 할 수 있어요.

제가 좀 지나갈 수 있나요?	Can I get by? 캔 아이 겟바이?
당신 전화기 좀 쓸 수 있을까요?	Can I use your phone? 캔 아이 유즈 유어 폰?
영어로 말할 수 있나요?	Can you speak English? 캔 유 스피크 잉글리쉬?
제 지도에 표시해 줄 수 있나요?	Can you mark it on my map? 캔 유 마크 잇 온 마이 맵?
라이터 좀 빌려줄 수 있나요?	Can you lend me a lighter? 캔 유 렌드 미 어 라이터?
도와줘서 고마워요.	Thanks for your help. 땡쓰 포 유어 헬프.

> 도움을 받았다면 고맙다고 이야기하는 센스를 발휘해 보세요.

거리에서:
❼ 호객행위 거절할 때

일부 유명 여행지에는 심한 호객 행위를 하는 상
인들도 있다. 물건을 강제로 쥐여 주거나, 앞길을
가로막아 서기도 하는데 그럴 땐 당황하지 말고
매너 있으면서도 단호하게 의사 표현을 하는 것
이 좋다. "I'm"을 써서 바쁘다고 말해보자.

무료 강의 및
MP3 바로 듣기

🔊 바로 쓰는 여행 단어

바쁘다 busy 비지
관심 없는 not interested 낫 인터레스티드
배부르다 full 풀
비싼 expensive 익쓰펜씨브
돈 money 머니
현금 cash 캐쉬

> **I'm busy.**
> 저는 바빠요.

"I'm"으로 말해보세요.

저는 바빠요.	**I'm** busy. 아임 비지.
저는 관심 없어요.	**I'm** not interested. 아임 낫 인터뤠스티드.
저는 배불러요.	**I'm** full. 아임 풀.
저는 괜찮아요.	**I'm** good. 아임 굿.

여기서 good은 "나는 좋다"가 아니라
"괜찮으니 됐다"는 뜻이에요.

 이런 말도 할 수 있어요.

괜찮아요.	No, thanks. 노, 땡쓰.
필요 없어요.	I don't need it. 아이 돈트 니드 잇.
마음에 들지 않아요.	I don't like it. 아이 돈트 라이크 잇.
돈 하나도 없어요.	I don't have any money. 아이 돈트 해브 애니 머니.
이미 하나 샀어요.	I already bought one. 아이 올뤠디 바트 원.
너무 비싸요.	It's too expensive. 잇츠 투 익쓰펜씨브.

해커스톡
영향어여어
10분의 기적

거리에서:

❽ 외국인이 말을 걸어올 때

유럽이나 미국에서는 서로 모르는 사람들도 가벼운 인사를 나누기도 한다. 그러니 인사를 건네는 외국인 앞에서 당황할 필요 없다. 일단 대화를 하게 되면 어디서 왔느냐는 질문을 많이 받는데, 이때는 "I'm"을 써서 나에 대해 말해보자.

I'm from Korea.
저는 한국에서 왔어요.

무료 강의 및
MP3 바로 듣기

🗣 바로 쓰는 여행 단어

여행객 tourist 투어뤼스트

휴가 vacation 붸케이션

출장 business trip 비즈니쓰 트륍

처음 first time 퓌스트 타임

신혼여행 honeymoon 허니문

천천히 말하다 speak slowly 스피크 슬로울리

"I'm"으로 말해보세요.

저는 한국에서 왔어요.	**I'm** from Korea. 아임 프롬 코뤼아.
저는 여행객이에요.	**I'm** a tourist. 아임 어 투어뤼스트.
저는 휴가로 여기 왔어요.	**I'm** here on vacation. 아임 히얼 온 붸케이션.
저는 출장으로 여기 왔어요.	**I'm** here on business. 아임 히얼 온 비즈니쓰.

이런 말도 할 수 있어요.

미안하지만, 잘 못 알아듣겠어요.	Sorry, I don't understand. 쏘뤼, 아이 돈트 언더스탠드.
다시 한 번 말해줄 수 있나요?	Can you say that again? 캔 유 쎄이 댓 어겐?
다시 오고 싶어요.	I want to come again. 아이 원트 투 컴 어겐.
이번이 처음이에요.	This is my first time. 두 번째라면 'second(쎄컨드)' 디쓰 이즈 마이 풔스트 타임. 라고 말하면 돼요.
저희 신혼여행 왔어요.	We're on our honeymoon. 위아 온 아우어 허니문.
저는 가족이랑 왔어요.	I'm with my family. 아임 위드 마이 풰밀리.

해커스톡
여행영어
10분의 기적

응급상황

EMERGENCY

여행을 하다 보면 원치 않는 응급상황들과 마주할 때가 있다. 이럴 때일수록 더욱 침착하게 내가 필요한 말을 차근차근 이야기하는 것이 중요하다. 아플 때부터 교통편 문제가 생겼을 때까지 응급상황에 찾아 쓸 수 있는 유용한 말들을 수록해 두었다.

응급상황: 01 아프거나 다쳤을 때

긴급단어

아픈	sick 씩	병원	hospital 하스피탈
다치다	hurt 헐트	약국	pharmacy 퐈마씨
도와주다	help 헬프	구급차	ambulance 앰뷸런쓰
어지러운	dizzy 디지	두통	headache 헤드에이크
인후염	sore throat 쏘어 뜨로트	복통	stomachache 스토먹에이크
토하다	throw up 뜨로우 업	차멀미	carsick 카씩
추운	cold 콜드	열	fever 퓌버
베이다	cut 컷	피를 흘리는	bleeding 블리딩
삐다	sprain 스프뤠인	피부 트러블	skin trouble 스킨 트뤄블

긴급문장

✚ 증상 말할 때

저 아파요.	I'm sick. 아임 씩.
배가 아파요.	I have a stomachache. 아이 해브 어 스토먹에이크.
어지러워요.	I'm dizzy. 아임 디지.
토할 것 같아요.	I feel like throwing up. 아이 퓔 라이크 뜨로잉 업.
허리를 다쳤어요.	I hurt my back. 아이 헐트 마이 백.
발목을 삐었어요.	I sprained my ankle. 아이 스프뤠인드 마이 앵클.

✚ 도움 요청할 때

구급차 좀 불러줄 수 있나요?	Can you call an ambulance? 캔 유 콜 언 앰뷸런쓰?
전화기 좀 빌릴 수 있나요?	Can I borrow your phone? 캔 아이 바로우 유어 폰?
전화 좀 해줄 수 있나요?	Can you make a call? 캔 유 메이크 어 콜?
저 좀 태워줄 수 있나요?	Can you give me a ride? 캔 유 기브 미 어 롸이드?
저 좀 일으켜줄 수 있나요?	Can you help me up? 캔 유 헬프 미 업?
저 좀 병원에 데려다줄 수 있나요?	Can you take me to the hospital? 캔 유 테이크 미 투 더 하스피탈?
가장 가까운 약국 어디 있어요?	Where is the nearest pharmacy? 웨얼 이즈 더 니어뤼스트 퐈마씨?

무료 강의 및
MP3 바로 듣기

응급상황: 02 병원/약국에 갔을 때

 ## 긴급단어

의사	doctor 닥터	보험	insurance 인슈어런쓰
약	medicine 메디쓴	복용량	dose 도쓰
두통약	headache remedy 헤드에이크 뤠메디	해열제	fever reducer 퓌버 뤼듀써
지사제	antidiarrhea 앤타이다이아뤼아	변비약	laxative 렉싸티브
진통제	painkiller 페인킬러	부러진	broken 브로큰
소화제	digestive medicine 다이제스티브 메디쓴	(등)허리	back 백
반창고	bandage 밴디쥐	무릎	knee 니
감기약	cold medicine 콜드 메디쓴	손	hand 핸드
감기	cold 콜드	인공 눈물	eye drop 아이 드랍

긴급문장

✚ 접수할 때

저 진찰받으러 왔어요.
I'm here to see a doctor.
아임 히얼 투 씨 어 닥터.

첫 방문이에요.
It's my first visit.
잇츠 마이 풔스트 뷔지트.

얼마나 기다려야 하나요?
How long do I have to wait?
하우 롱 두 아이 해브 투 웨이트?

여행자 보험에 들었어요.
I have travel insurance.
아이 해브 트레블 인슈어런쓰.

보험에 들지 않았어요.
I don't have any insurance.
아이 돈트 해브 애니 인슈어런쓰.

✚ 증상 말할 때

허리를 다쳤어요.
I hurt my back.
아이 헐트 마이 백.

팔이 부러졌어요.
I have a broken arm.
아이 해브 어 브로큰 암.

✚ 약 요청할 때

감기약 좀 받을 수 있나요?
Can I get some cold medicine?
캔 아이 겟 썸 콜드 메디쓴?

진통제 좀 받을 수 있나요?
Can I get some painkillers?
캔 아이 겟 썸 페인킬러쓰?

해열제 좀 받을 수 있나요?
Can I get a fever reducer?
캔 아이 겟 어 퓌버 뤼듀써?

두통약 좀 받을 수 있나요?
Can I get a headache remedy?
캔 아이 겟 어 헤드에이크 뤠메디?

소화제 좀 받을 수 있나요?
Can I get some digestive medicine?
캔 아이 겟 썸 다이제스티브 메디쓴?

무료 강의 및
MP3 바로 듣기

응급상황: 03 길 잃었을 때

 긴급단어

길을 잃은	lost 로스트	길을 알려주다	show the way 쇼 더 웨이
찾고 있다	looking for 룩킹 포	거리 이름	street name 스트뤼트 네임
장소	place 플래이쓰	방향	direction 디뤡션
전철역	subway station 써브웨이 스테이션	버스 정류장	bus stop 버쓰 스탑
가게	store 스토어	식당	restaurant 뤠스터런트
건물	building 빌딩	어디	where 웨얼
시장	market 마켓	태워주다	give a ride 기브 어 롸이드
왼쪽	left 레프트	오른쪽	right 롸이트
건너다	cross 크로쓰	도와주다	help 헬프

긴급문장

✚ 길 물어볼 때

길을 잃었어요.	**I'm lost.** 아임 로스트.
제가 어디 있어요?	**Where am I?** 웨얼 앰 아이?
이곳은 어디 있어요?	**Where is this?** 웨얼 이즈 디쓰?
전철역은 어디 있어요?	**Where is the subway station?** 웨얼 이즈 더 써브웨이 스테이션?
이 가게는 어디 있어요?	**Where is this store?** 웨얼 이즈 디쓰 스토어?
이 건물을 찾고 있어요.	**I'm looking for this building.** 아임 룩킹 포 디쓰 빌딩.
여기서 얼마나 걸리나요?	**How long does it take from here?** 하우 롱 더즈 잇 테이크 프롬 히얼?
걸어갈 만한 거리예요?	**Is it within walking distance?** 이즈 잇 위딘 워킹 디스턴쓰?
제 지도에 표시해 줄 수 있나요?	**Can you mark it on my map?** 캔 유 마크 잇 온 마이 맵?

✚ 도움 요청할 때

길 좀 물어볼 수 있나요?	**Can I ask you for directions?** 캔 아이 애스크 유 포 디렉션쓰?
길 좀 알려줄 수 있나요?	**Can you show me the way?** 캔 유 쇼 미 더 웨이?
이 장소를 못 찾겠어요.	**I can't find this place.** 아이 캔트 파인드 디쓰 플래이쓰.
이 장소로 데려다줄 수 있나요?	**Can you take me to this place?** 캔 유 테이크 미 투 디쓰 플래이쓰?

무료 강의 및
MP3 바로 듣기

응급상황: 04 분실했을 때

 긴급단어

경찰	police 폴리쓰	신고	report 뤼포트
경찰서	police station 폴리스 스테이션	분실물 보관소	lost-and-found 로스트앤파운드
연락처	contact number 컨택 넘버	분실하다	lost 로스트
놓고 온	left 레프트	전화기	phone 폰
배낭	backpack 백팩	현금	cash 캐쉬
남자 지갑	wallet 월렛	여자 지갑	purse 펄스
신용카드	credit card 크뤠딧카드	핸드백	handbag 핸드백
여권	passport 패쓰포트	재발급하다	reissue 뤼이쓔
한국 대사관	Korean embassy 코뤼언 엠버씨	CCTV	security camera 씨큐리티 캐머라

긴급문장

✚ 신용카드를 잃어버렸을 때

제 신용카드를 잃어버렸어요.	I lost my credit card. 아이 로스트 마이 크레딧카드.
그것은 제 지갑 안에 있었어요.	It was in my wallet. 잇 워즈 인 마이 월렛.
거기 제 이름이 쓰여있어요.	My name is written on it. 마이 네임 이즈 뤼튼 온 잇.
그것을 가게에 놓고 왔어요.	I left it at the store. 아이 레프트 잇 앳 더 스토어.
누군가 제 카드를 사용했어요.	Someone has used my card. 썸원 해즈 유즈드 마이 카드.

✚ 여권을 잃어버렸을 때

제 여권을 잃어버렸어요.	I lost my passport. 아이 로스트 마이 패쓰포트.
이것 어디에 신고해야 하나요?	Where should I report this? 웨얼 슈드 아이 뤼포트 디쓰?
그것은 제 가방 안에 있었어요.	It was in my bag. 잇 워즈 인 마이 백.
어떻게 재발급받을 수 있나요?	How can I reissue it? 하우 캔 아이 뤼이슈 잇?

✚ 가방/소지품을 잃어버렸을 때

제 가방을 잃어버렸어요.	I lost my bag. 아이 로스트 마이 백.
분실물 보관소 어디 있어요?	Where is the lost-and-found? 웨얼 이즈 더 로스트앤파운드?
그것을 벤치 위에 놓고 왔어요.	I left it on the bench. 아이 레프트 잇 온 더 벤취.

응급상황: 05 도난 당했을 때

🚨 긴급단어

경찰	police 폴리쓰		신고하다	report 뤼포트
경찰서	police station 폴리쓰 스테이션		소매치기	pickpocket 픽포켓
도둑	thief 띠프		도난	theft 떼프트
핸드백	handbag 핸드백		신용카드	credit card 크뤠딧카드
현금	cash 캐쉬		정지시키다	cancel 캔쓸
여권	passport 패쓰포트		한국 대사관	Korean embassy 코뤼언 엠버씨
남자 지갑	wallet 월렛		여자 지갑	purse 펄쓰
목격자	witness 위트니쓰		CCTV	security camera 씨큐리티 캐머라
증거	evidence 에뷔던쓰		여행자 보험	traveler's insurance 트뤠블러쓰 인슈어런쓰

긴급문장

✚ 도난 신고할 때

경찰서 어디 있어요?	**Where is the police station?** 웨얼 이즈 더 폴리쓰 스테이션?
경찰 좀 불러주세요.	**Please call the police.** 플리즈 콜 더 폴리쓰.
도난 신고하고 싶어요.	**I want to report a theft.** 아이 원트 투 뤼포트 어 떼프트.
어디에 신고해야 하나요?	**Where should I report it?** 웨얼 슈드 아이 뤼포트 잇?
제 가방을 도난 당했어요.	**My bag was stolen.** 마이 백 워즈 스톨른.
누군가 제 가방을 가져갔어요.	**Someone took my bag.** 썸원 투크 마이 백.

✚ 경위를 진술할 때

여기에 뒀어요.	**I put it here.** 아이 풋 잇 히얼.
검정색 배낭이에요.	**It's a black backpack.** 잇츠 어 블랙 백팩.
통역관이 필요해요.	**I need a translator.** 아이 니드 어 트뤤슬레이터.
찾으면 저에게 연락해주세요.	**Please call me when you find it.** 플리즈 콜 미 웬 유 파인드 잇.
갈색 핸드백이에요.	**It's a brown handbag.** 잇츠 어 브라운 핸드백.
거기 제 전화기가 들어 있어요.	**My phone is in it.** 마이 폰 이즈 인 잇.
한국 대사관에 연락할 수 있나요?	**Can I call the Korean embassy?** 캔 아이 콜 더 코뤼언 엠버씨?

무료 강의 및
MP3 바로 듣기

응급상황: 06 교통사고 당했을 때

🚨 긴급단어

사고	accident 액씨던트	충돌	crash 크래쉬
병원	hospital 하스피탈	응급차	ambulance 앰뷸런쓰
경찰	police 폴리쓰	신고	report 뤼포트
보험	insurance 인슈어런쓰	렌터카	rental car 렌탈 카
앞차	car ahead 카 어헤드	뒤차	car behind 카 비하인드
급정거	sudden stop 써든 스탑	신호등	traffic light 트뤠픽 라이트
횡단보도	crosswalk 크로쓰워크	교차로	intersection 인터쎅션
일방통행	one-way street 원웨이 스트릿	목격자	witness 위트니쓰
보행자	pedestrian 페데스트리안	동승자	fellow passenger 펠로우 패쎈저

긴급문장

✚ 사고 현장에서

저 다쳤어요.	I'm hurt. 아임 헐트.
저 목을 삐었어요.	I sprained my neck. 아이 스프뤠인드 마이 넥.
걸을 수가 없어요.	I can't walk. 아이 캔트 워크.
제 동승자가 다쳤어요.	My fellow passenger got hurt. 마이 펠로우 패쎈저 갓 헐트.
구급차 좀 불러주세요.	Please call the ambulance. 플리즈 콜 디 앰뷸런쓰.
경찰 좀 불러주세요.	Please call the police. 플리즈 콜 더 폴리쓰.
이 사고를 신고하고 싶어요.	I want to report this accident. 아이 원트 투 뤼포트 디쓰 액씨던트.

✚ 사고 조사할 때

제 잘못이 아니었어요.	It was not my fault. 잇 워즈 낫 마이 폴트.
제가 피해자예요.	I'm the victim. 아임 더 뷕텀.
제가 치였어요.	I was run over. 아이 워즈 뤈 오버.
보험에 들었어요.	I have insurance. 아이 해브 인슈어런쓰.
보험에 안 들었어요.	I don't have insurance. 아이 돈트 해브 인슈어런쓰.
그 차가 갑자기 멈췄어요.	That car stopped suddenly. 댓 카 스탑트 써든리.

무료 강의 및
MP3 바로 듣기

응급상황: 07 교통편 문제가 생겼을 때

 긴급단어

비행기	flight 플라이트
늦은	late 레이트
연착되다	delay 딜레이
경유	transfer 트렌스풔
다음 비행기	next flight 넥쓰트 플라이트
기차	train 트뤠인
항공사	airline 애얼라인
환불	refund 뤼풘드
기다리다	wait 웨이트
놓치다	miss 미쓰
결항	cancellation 캔쓸레이션
시간표	timetable 타임테이블
표	ticket 티켓
취소 수수료	cancellation fee 캔쓸레이션 퓌
셔틀버스	shuttle 셔틀
여행사	travel agency 트뤠블 에이전씨
보상	compensation 컴펜쎄이션
연락처	contact number 컨택트 넘버

긴급문장

+ 교통편 놓쳤을 때

비행기를 놓쳤어요.	I missed my flight. 아이 미쓰드 마이 플라이트.
다음 비행기/기차는 언제예요?	When is the next one? 웬 이즈 더 넥쓰트 원?
셔틀버스 시간에 늦었어요.	I'm late for my shuttle. 아임 레이트 포 마이 셔틀.
기차가 가버렸어요.	The train is gone. 더 트뤠인 이즈 곤.
환불 받을 수 있나요?	Can I get a refund? 캔 아이 겟 어 뤼펀드?
다음 비행기표/기차표 주세요.	I want a ticket for the next one. 아이 원트 어 티켓 포 더 넥쓰트 원.

+ 연착/지연/결항됐을 때

제 비행기가 지연됐어요.	My flight is delayed. 마이 플라이트 이즈 딜래이드.
제 버스가 취소됐어요.	My bus is cancelled. 마이 버쓰 이즈 캔쓸드.
어떤 항공사라도 괜찮아요.	Any airline is fine. 애니 애얼라인 이즈 퐈인.
보상을 원해요.	I want compensation. 아이 원트 컴펜쎄이션.
얼마나 더 기다려야 하나요?	How long should I wait? 하우 롱 슈드 아이 웨이트?
남는 좌석이 있나요?	Are there any seats left? 아 데얼 애니 씻츠 레프트?
환불 받고 싶어요.	I want to get a refund. 아이 원트 투 겟 어 뤼펀드.

여행이
더 편해지는
영어

헬로우, 땡큐 등 여행 중에도 유용하게 쓸 수 있는 간단한 표현부터 복잡한 세금 환급 서류 작성 예시까지. 필요한 경우에 찾아서 참고하면 여행을 한결 더 편안하게 해줄 정보들을 수록해 두었다.

01 기본 표현

헬로우(Hello), 땡큐(Thank you) 등 익히 들어 이미 알고 있는 기본 영어 표현들은 여행 중에도 매우 유용하게 쓸 수 있다. 간단하지만 여행을 더 풍성하게 해주는 기본 표현들을 필요한 순간에 찾아서 사용해 보자.

1. 인사말

(만났을 때) **안녕하세요.**	Hello. 헬로우.
반갑습니다.	Nice to meet you. 나이쓰 투 미트 유.
안녕하세요.	Good morning/afternoon/evening. 굿 모닝/애프터눈/이브닝.
(헤어질 때) **잘 가요/잘 있어요.**	Bye. 바이.
(밤에 헤어질 때) **잘 가요/잘 자요.**	Good night. 굿 나이트.

> 인사하는 시간대 (오전/오후/저녁)에 맞추어 사용한다.

2. 감사/사과/거절 표현

고맙습니다.	Thank you. 땡큐.
미안합니다.	I'm sorry. 아임 쏘뤼.
고맙지만 괜찮아요.	No, thank you 노, 땡큐.

3. 내 의사를 전달하는 표현

좋아요.	Good. 굿.
물론이죠.	Sure. 슈어.
알겠어요 / 좋아요.	OK. 오케이.
그저 그래요.	So so. 쏘 쏘.
(거절하는 의미로) 전 괜찮아요.	I'm fine. 아임 퐈인.

거절의 의사를 표현하는 것이라에, "저는 잘 지내요" 라고 안부를 표현하는 뜻으로도 쓸 수 있다.

4. 기타 기본 표현

실례합니다.	Excuse me. 익쓰큐즈 미.
다시 말해주시겠어요?	Pardon? 파든?
이해를 못 했어요.	I don't get it. 아이 돈트 겟 잇.
천천히 말해주세요.	Speak slowly, please. 스피크 슬로울리, 플리즈.
잠시만요.	Just a moment. 저스트 어 모먼트.

처음 보는 사람에게 말을 걸 때 이렇게 시작하면 유용하다.

02 숫자 말하기

여행을 하다 보면 가격이나 객실번호와 같이 숫자를 말해야 하는 경우들이 있다. 기본 숫자와 여행 중 자주 쓰게 되는 몇 가지 숫자 말하는 법을 사용해서 말해보자.

1. 기본 숫자 말하기

· 1~10 말하기

1 One 원
2 Two 투
3 Three 쓰리
4 Four 포
5 Five 퐈이브

6 Six 씩쓰
7 Seven 쎄븐
8 Eight 에잇
9 Nine 나인
10 Ten 텐

· 11~20 말하기

11 Eleven 일레븐
12 Twelve 트웰브
13 Thirteen 써틴
14 Fourteen 포틴
15 Fifteen 퓌프틴

16 Sixteen 씩쓰틴
17 Seventeen 쎄븐틴
18 Eighteen 에잇틴
19 Nineteen 나인틴
20 Twenty 트웬티

· 10, 20, 30 … 100 말하기

10 Ten 텐
20 Twenty 트웬티
30 Thirty 써티
40 Forty 포티
50 Fifty 퓌프티

60 Sixty 씩쓰티
70 Seventy 쎄븐티
80 Eighty 에잇티
90 Ninety 나인티
100 One hundred 원 헌드뤠드

· 1,000 이상 말하기

1.000 One thousand 원 싸우전드
10.000 Ten thousand 텐 싸우전드
100.000 One hundred thousand
　　　　　원 헌드뤠드 싸우전드

2.000 Two thousand 투 싸우전드
20.000 Twenty thousand 트웬티 싸우전드
200.000 Two hundred thousand
　　　　　투 헌드뤠드 싸우전드

2. 가격 말하기

· 소수점 위는 달러나 유로 단위로, 소수점 아래는 센트 단위로 말한다.

1,250 달러   One thousand two hundred fifty dollars
원 싸우전드 투 헌드뤠드 퓌프티 달러쓰

10.52 달러   Ten dollars and fifty two cents
텐 달러쓰 앤 퓌프티 투 센츠

111.99 유로   One hundred eleven Euros and ninety nine cents
원 헌드뤠드 일레븐 유로쓰 앤 나인티 나인 센츠

3. 객실 호수/전화번호 말하기

· 객실 호수/전화번호에서 숫자 0은 '오'라고 말한다.   숫자 0이 알파벳 O와 비슷하게 생겼기 때문이다.

· 전화번호 숫자는 하나씩 따로 말한다.

1806호   Room eighteen oh six
룸 에잇틴 오 씩쓰

2015호   Room twenty fifteen
룸 트웬티 퓌프틴

201-8119   Two oh one eight one one nine
투 오 원 에잇 원 원 나인

4. 시간 말하기

· 시침과 분침의 숫자를 따로 말한다.

6시 13분   Six thirteen
씩쓰 써틴

오전 8시 30분   Eight thirty a.m.
에잇 써티 에이 엠

오후 2시 50분   Two fifty p.m.
투 퓌프티 피 엠

03 입국신고서 작성법

생소한 단어로 되어있는 입국신고서를 보면 잘못 작성할까 걱정이 될 수도 있지만 작성해야 하는 내용은 의외로 간단하다. 예시를 참고해서 입국신고서를 편안하게 작성해 보자.

1. 입국신고서 작성 Tip

① 국내 주소 영어 작성법

· 보통 포털사이트에서 국내 주소를 영문 주소로 변환해 주는 서비스를 제공한다. "영문 주소"로 검색하면 사용 가능하다.

· 보통은 도시까지만 작성해도 괜찮지만 영국과 같이 입국심사가 까다로운 국가에서는 상세 주소를 요구하는 경우도 있다.

· 상세 주소는 아래와 같이 한국의 주소 작성 순서와 반대로 작성한다. 각 단위는 쉼표(,)로 구분하면 된다.

(아파트 동호수) → 호(번지) → 도로명 → 구 → 도시 → 국가

② 항공기 편명 확인 방법

· 항공기 편명은 탑승권에서 확인할 수 있다.

· 승무원에게 편명을 문의해도 친절하게 알려준다.

③ 체류 주소 작성 시 주의 사항

· 해외에서 여행자가 머무를 숙소를 의미한다. 호텔이나 리조트 이름을 써도 된다.

· 국내 주소와 마찬가지로, 보통은 도시까지만 작성해도 괜찮지만 영국과 같이 입국심사가 까다로운 국가에서는 상세 주소를 요구하는 경우도 있다.

2. 입국신고서 양식 예시

ARRIVAL/DISEMBARKATION/LANDING CARD		
입국신고서		

Family/Last Name 성 HONG	**Given/First Name(s)** 이름 GILDONG	**Sex** 성별 ☑ **Male** 남성 ☐ **Female** 여성
Nationality/Citizenship 국적 SOUTH KOREA	**Date of Birth** 생년월일 **Month/Day/Year** 월/일/연도 02/18/1975	**Occupation** 직업 OFFICE WORKER 다음과 같이 직업을 쓸 수 있으니 참고하자. · 회사원: OFFICE WORKER · 주부: HOMEMAKER · 공무원: GOVERNMENT OFFICIAL · 학생: STUDENT
Home Address ① **국내 주소** 705-dong 1103-ho, 23, Gangnam-daero 61-gil, Seocho-gu, Seoul, South Korea		
Passport No. 여권 번호 A12345678	**Date of Issue** 발행일 03/13/2016	**Place of Issue** 발행국가 SOUTH KOREA

Flight No. ② **항공기 편명** XX000	**Country(Port) of First Departure** 출발국가 SOUTH KOREA
Length/Duration of Stay 체류 기간 5 DAYS	**Number of Visits** 방문 횟수 ☐ **1**　☐ **2**　☑ **3 or more** 　1회　　2회　　3회 혹은 그 이상
Purpose of Visit/Travel/Trip 방문 목적 ☐ **Study** 교육 ☑ **Leisure/Tourism** 관광 ☐ **Visiting Relatives** 친지 방문 ☐ **Business** 사업	**Address in XXX** ③ **체류 주소** ABC HOTEL, NEW YORK **Contact No.** 연락처 1234-5678 **E-mail** 이메일주소 xxx@xxx.com

Signature of Traveler/Passenger 서명 *Hong gildong*

04 분실/도난 물품 신고서 작성법

해외여행 중 분실/도난 사고를 당했다면, 잃어버린 물건을 찾거나 보상받기 위해서 현지 경찰서에 방문한 뒤 신고서를 작성해야 한다. 예시를 참고하여 분실/도난 물품 신고서를 확실하게 작성해 보자.

1. 분실/도난 물품 신고서 작성 Tip

① 주소 작성 시 주의사항

· 정확한 주소를 작성해야 한다.

· 아래와 같이 한국의 주소 작성 순서와 반대로 작성한다.
(아파트 동호수) → 호(번지) → 도로명 → 구 → 도시 → 국가

② 물품 설명 작성법

· 물건의 색상, 크기, 특징 등을 구체적으로 작성한다.

③ 사건 설명 작성법

· '분실'의 경우 I left it(놔두고 왔어요)과 같은 표현으로 설명한다.

· '도난'의 경우 Someone took it(누가 가져갔어요)과 같은 표현으로 설명한다.

· 아래와 같이 분실/도난 장소에 대한 설명을 덧붙일 수 있으니 참고하자.

  ◦ 식당에/가게에/쇼핑몰에(서): at the restaurant/store/mall

  ◦ 정류장/역/로비에(서): at the stop/station/lobby

  ◦ 광장/해변에(서): at the square/beach

  ◦ 버스/기차/전철에(서): on the bus/train/subway

  ◦ 거리/벤치/테이블/소파에(서): on the street/bench/table/sofa

  ◦ 택시/화장실에(서): in the taxi/restroom

  ◦ 방/주머니/가방/배낭에서: from my room/pocket/bag/backpack

2. 분실/도난 물품 신고서 양식 예시

Lost/Stolen Property Report	
분실/도난 물품 신고서	
Name (Person reporting) 이름 (신고자 이름) GILDONG HONG	**Telephone No.** 전화번호 82-10-1234-5678
Address ① **주소** 705-dong 1103-ho, 23, Gangnam-daero 61-gil, Seocho-gu, Seoul, South Korea **Zip/Post code** 우편번호 12345	
Date and Time Item(s) Lost 분실/도난 날짜 및 시간 4 p.m., Monday, July 4th	**Lost at/in/near** 분실/도난 장소 Near Brooklyn station
Property Description ② **물품 설명** A red backpack, blue key ring, Korean passport inside.	
Incident Description ③ **사건 설명** (분실)I left it in the taxi. (도난)Someone took it from my room.	
I hereby report that I accept the above application. 상기와 같이 분실/도난되었기에 신고합니다. <div align="right">**Signature** *Hong gildong* 서명</div>	

05 세금 환급 서류 작성법

세금 환급을 받으면 해외 쇼핑을 더 저렴하게 할 수 있다. 세금 환급을 받기 위해서는 환급 서류 작성을 정확히 하는 것이 중요하니, 예시를 참고해서 세금 환급 서류를 잘 작성해 보자.

*세금 환급(tax refund)이란?
해외에서 구입한 일정 금액 이상의 물품을 현지에서 사용하지 않고, 출국 시 일부 세금을 환급하여 주는 것.

1. 세금 환급 서류 작성 Tip

① 성명 기재 시 주의사항

·반드시 여권과 동일하게 작성하고, 철자가 틀리지 않도록 주의한다.

② 국내 주소 기재 시 주의사항

·서류 작성에 누락된 사항이 있거나 환급 시 더 필요로 하는 정보가 있을 경우 국내 주소로 연락이 올 수도 있으니 꼼꼼하게 작성한다.

·아래와 같이 한국의 주소 작성 순서와 반대로 작성한다.
(아파트 동호수) → 호(번지) → 도로명 → 구 → 도시 → 국가

③ 생년월일 기재 시 주의사항

·월/일/연도 순으로 작성한다.

·영어로 월 표기하는 법은 다음과 같다.

1월 January 재뉴어리	**5월** May 메이	**9월** September 쎕템버
2월 February 풰뷰러리	**6월** June 쥰	**10월** October 악토버
3월 March 마취	**7월** July 줄라이	**11월** November 노뱀버
4월 April 에이프릴	**8월** August 어거스트	**12월** December 디쎔버

2. 세금 환급 서류 양식 예시

TAX REFUND FORM	
세금 환급 서류	
Full Name ① 성명 GILDONG HONG	**Final Destination** 최종목적지 SOUTH KOREA
Permanent Address/Home Address ② 국내 주소 705-dong 1103-ho, 23, Gangnam-daero 61-gil, Seocho-gu, Seoul, South Korea **Zip/Post Code** 우편번호 12345	
City 도시 SEOUL	**Country of Residence** 거주국가 SOUTH KOREA
Date of Birth ③ 생년월일 February 18, 1975	**Country of Birth** 출생국가 SOUTH KOREA
Passport Number 여권번호 AI2345678	**Issued by Government of** 여권발행국가 SOUTH KOREA
Arrival Date 입국일 July 01, 2018	**Departure Date** 출국일 July 05, 2018
E-mail 메일주소 xxx@xxx.com	
Credit Card Number (Only for Credit Card Refunds) 신용카드 번호(신용카드로 환급 받는 경우만) 1234-5678-1234-5678	신용카드 번호는 중요한 개인정보이므로 반드시 신용카드로 환급 받을 때만 작성하고, 필요하지 않은 경우 쓰지 않도록 주의한다.
Shopper/Customer Signature 구매자 서명 *Hong gildong*	**Export Validation Stamp** 출국확인 도장 **(Get from Customs When Leaving)** (출국 시 세관에서 받음)

급할 때 빨리 찾아 말하는 여행 사전

ㄱ

가게 **store** 스토어

·이 가게는 어디 있어요?　　　　159
Where is this store?
웨얼 이즈 디쓰 스토어?

·그것을 가게에 놓고 왔어요.　　　161
I left it at the store.
아이 레프트 잇 앳 더 스토어.

가격 **price** 프라이쓰

·이 가격에 살 수 있나요?　　　　89
Can I buy it for this price?
캔 아이 바이 잇 포 디쓰 프라이쓰?

·더 좋은 가격에 살 수 있나요?　　89
Can I get a better price?
캔 아이 겟 어 베터 프라이쓰?

가까운 **close** 클로쓰

·가까워요?　　　　　　　　　137
Is it close?
이즈 잇 클로쓰?

가다 **go** 고

·이제 갈 수 있나요?　　　　　　31
Can I go now?
캔 아이 고 나우?

·이 버스 공항으로 가나요?　　　51
Does this bus go to the airport?
더즈 디쓰 버쓰 고 투 디 에어포트?

·이거 파리로 가나요?　　　　　55
Does this go to Paris?
더즈 디쓰 고 투 패뤼쓰?

가리다 **block** 블락

·당신이 제 시야를 가리고 있어요.　127
You are blocking my sight.
유 아 블락킹 마이 싸이트.

가방 **bag** 백

·가방 좀 치워줄 수 있나요?　25, 127
Can you move your bag?
캔 유 무브 유어 백?

·제 가방을 찾아줄 수 있나요?　　43
Can you find my bag?
캔 유 파인드 마이 백?

·이 가방 얼마예요?　　　　　　87
How much is this bag?
하우 머취 이즈 디쓰 백?

가이드 **guide** 가이드

·제 가이드에게 전화해야 해요.　143
I need to call my tour guide.
아이 니드 투 콜 마이 투어 가이드.

가이드 투어 **guided tour** 가이디드 투어

·가이드 투어 예약하고 싶어요.　121
I want to book a guided tour.
아이 원트 투 북 어 가이디드 투어.

가장 가까운 **nearest** 니어뤼스트

·가장 가까운 역 어디 있어요?　139
Where is the nearest station?
웨얼 이즈 더 니어뤼스트 스테이션?

·가장 가까운 은행 어디 있어요?　141
Where is the nearest bank?
웨얼 이즈 더 니어뤼스트 뱅크?

ㅂ

ㅇ

아기 의자 high chair 하이췌어
·아기 의자가 필요해요.   103
I need a high chair.
아이 니드 어 하이췌어.

·아기 의자 좀 갖다줄 수 있나요?   113
Can you bring a high chair?
캔 유 브링 어 하이췌어?

아무것도 nothing 낫띵
·주머니에 아무것도 없어요.   31
I have nothing in my pockets.
아이 해브 낫띵 인 마이 포켓츠.

·신고할 것 아무것도 없어요.   41
I have nothing to declare.
아이 해브 낫띵 투 디클레어.

아픈 sick 씩
·저 아파요.   155
I'm sick.
아임 씩.

안내데스크 information desk 인포메이션 데스크
·안내데스크 어디 있어요?   35
Where is the information desk?
웨얼 이즈 디 인포메이션 데스크?

안내소 information center 인포메이션 센터
·안내소 어디 있어요?   133
Where is the information center?
웨얼 이즈 디 인포메이션 쎈터?

안에 in 인
·그 안에 무엇이 들어갔나요?   107
What's in it?
왓츠 인 잇?

앉다 sit 씻
·저희 같이 앉을 수 있나요?   29
Can we sit together?
캔 위 씻 투게더?

·저희 저 자리에 앉을 수 있나요?   103
Can we sit at that table?
캔 위 씻 앳 댓 테이블?

·제가 친구와 함께 앉을 수 있나요?   127
Can I sit with my friend?
캔 아이 씻 위드 마이 프렌드?

알레르기가 있는 allergic 얼러직
·저 유제품 알레르기 있어요.   107
I'm allergic to dairy.
아임 얼러직 투 데어뤼.

·저 견과류 알레르기 있어요.   107
I'm allergic to nuts.
아임 얼러직 투 넛츠.

·저 새우 알레르기 있어요.   107
I'm allergic to shrimp.
아임 얼러직 투 슈륌프.

알려주다 show 쇼
·길 좀 알려줄 수 있나요?   141, 147, 159
Can you show me the way?
캔 유 쇼 미 더 웨이?

알아듣다 understand 언더스탠드
·미안하지만, 잘 못 알아듣겠어요.   151
Sorry, I don't understand.
쏘뤼, 아이 돈트 언더스탠드.

앞쪽 좌석 front row seat 프뤈트 로우 씻
·앞쪽 좌석 받을 수 있나요?   29, 119
Can I have a front row seat?
캔 아이 해브 어 프뤈트 로우 씻?

약국 pharmacy 파마씨
·가장 가까운 약국 어디 있어요?   155
Where is the nearest pharmacy?
웨얼 이즈 더 니어뤼스트 파마씨?

·약국 어디 있어요?   141
Where is a pharmacy?
웨얼 이즈 어 파마씨?

ㅊ

ㅍ

히터 **heater** 히터

개정 2판 9쇄 발행 2023년 3월 13일

개정 2판 1쇄 발행 2019년 1월 2일

지은이	해커스 어학연구소
펴낸곳	㈜해커스 어학연구소
펴낸이	해커스 어학연구소 출판팀

주소	서울특별시 서초구 강남대로61길 23 ㈜해커스 어학연구소
고객센터	02-537-5000
교재 관련 문의	publishing@hackers.com
동영상강의	HackersTalk.co.kr

ISBN	978-89-6542-277-8 (13740)
Serial Number	02-09-01

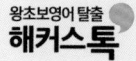

영어회화 인강 1위, 해커스톡(HackersTalk.co.kr)

· 하루 10분씩 따라 하면 여행영어가 되는 **제니 리 선생님의 교재 동영상강의**
· **전문가의 1:1 스피킹 케어, 매일 영어회화 표현, 오늘의 영어 10문장** 등 무료 학습 콘텐츠
· 미국인의 발음, 억양, 속도를 듣고 따라 말하는 **교재 MP3 무료 다운로드**

헤럴드 선정 2018 대학생 선호 브랜드 대상 '대학생이 선정한 영어회화 인강' 부문 1위

영어회화 인강 **1위**

말문이 트이는
해커스톡 학습 시스템

헤럴드 선정 2018 대학생 선호 브랜드 대상 '대학생이 선정한 영어회화 인강' 부문 1위

하루 10분 강의

언제 어디서나
부담 없이 짧고 쉽게!

기내에서
공항에서
식당에서

**여행지에서 쉽게 쓰는
상황별 패턴 학습**

10가지 상황별 패턴에 단어만
바꿔서 여행영어회화 하기

반복·응용 학습

쉬운 영어로 반복하여
입이 저절로 기억하는 영어회화

**실생활 중심의
쉬운 영어**

실생활에서 200%
활용 가능한
쉬운 생활영어회화

해커스톡 HackersTalk.co.kr